高山線の全駅乗《のり》歩《ある》記《き》

出会い・発見の旅
第4部

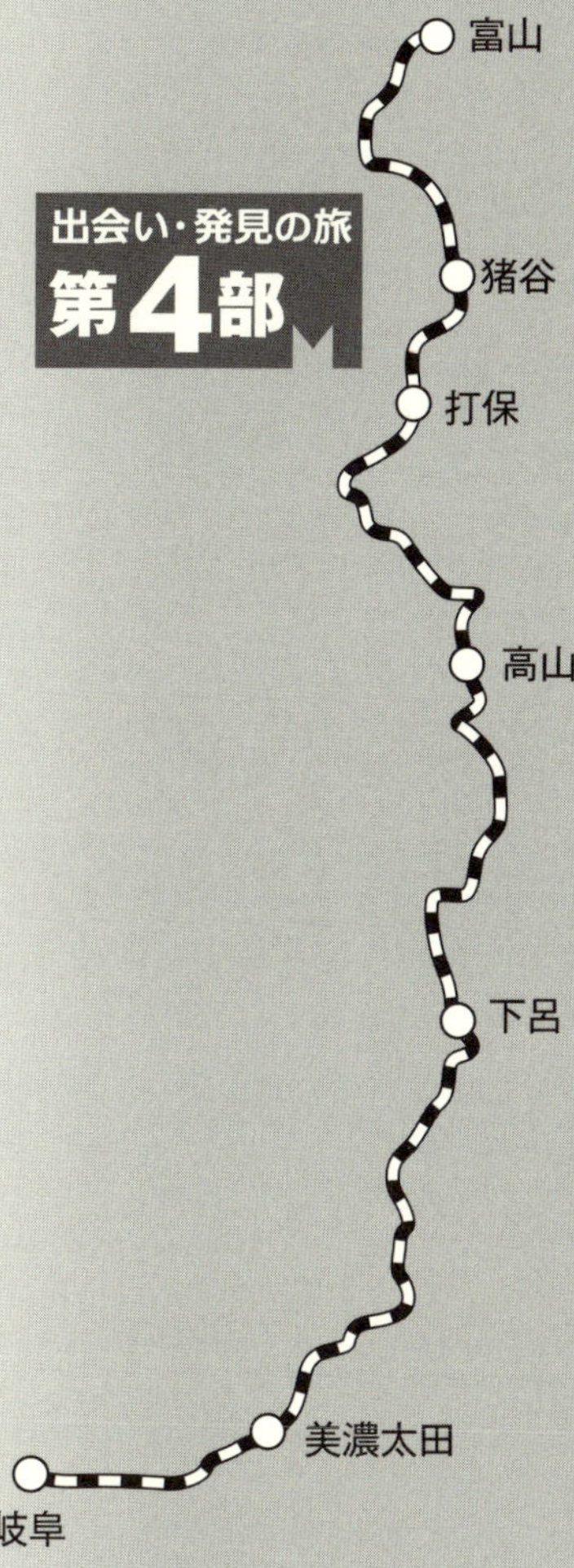

澤井 泰
Hiroshi Sawai

文芸社

本書は、本州中部の山岳地帯を南北に横断する鉄道路線の高山本線《たかやま》（岐阜―美濃太田《みのおおた》―下呂《げろ》―高山―飛騨古川―猪谷《いのたに》―富山）に乗車し、同線の全四五駅、及び、関連する鉄道路線の駅に乗降し、駅とその周辺を探訪し、出会い・発見した記録をまとめたものである。

はじめに

◇鉄道と共に

私が鉄道に関心・興味を持ち、「鉄道の旅」の研究を生涯の課題にしようと思い立った契機には、次のことがあげられる。

①東海道本線横浜駅の近くで生まれ育ち、鉄道を見るのが幼時から好きであった。

②第二次大戦中に学童疎開《そかい》(注1)をした神奈川県山北町《やまきたまち》(注2)では、ほぼ定時に運行される御殿場線《ごてんば》(注3)の列車が、時計代わりになり、励み、癒しとなった。

③一九五九年に就職した会計検査院(注4)では、会計処理や工事の現場に赴いて検査をする実地検査で、日本全国に出張できた。

④特に、六〇年代後半、日本国有鉄道(注5)(以下『国鉄』と言う)が起死回生のため、山陽新幹線建設や線路増設・電化等の工事を各地で実施した時、国鉄の会計検査に従事し、鉄道工学を身近に学べた。

⑤会計検査院から長崎県に出向中の八二年七月二三日、長崎大水害(注6)に遭い、道路(国道34号線)は二〇日間、電話は一〇日間も不通なのに、国鉄長崎本線は、四日目

の同月二七日の朝から正常運転に戻り、通勤通学の足が確保されて感動した。
⑥八〇年代後半、国鉄改革の状況を、会計検査院の担当幹部として注視できた。
⑦九八年から五年間、日本鉄道建設公団（現・鉄道建設・運輸施設整備支援機構）に勤務し、東北・北陸・九州の新幹線やつくばエクスプレス・りんかい線・みなとみらい線等の建設に関与した。

このように、私は、鉄道と共に生き、鉄道に活かされてきたと思う。

注1　学童疎開　第二次大戦中、大都市の国民学校（現・小学校）の生徒（学童）を空襲等から守るため、農村部の旅館・寺院等に、集団または個人的縁故によって移住させた。

注2　神奈川県足柄上郡山北町　神奈川県西部、箱根山の北側、丹沢山地にある農林業の町。丹《たん》那《な》トンネル開通の一九三四年までは東海道本線の拠点駅で、鉄道の町として栄えた。

注3　御殿場線　箱根山の山裾を東↓北↓西に回り、山北・御殿場等を経由して、東海道本線の国府津《こうづ》と沼津《ぬまづ》を結ぶ鉄道路線（延長六〇・二キロ）。一八八九年、東海道本線の一部として開業したが、一九三四年、丹那トンネルの開通で、東海道本線は熱海経由となり、従来の国府津—沼津間は御殿場線と改称され、東海道本線の支線となった。

注4　会計検査院　国の収入支出の決算、その他法律の定める会計の検査を行う、憲法によって設置を規定された機関。国鉄等国の出資法人も検査対象となる。私はここに三二年間勤務したが、就職した一九五九年四月には東海道新幹線の起工式が行われ、退職した九一年六月二〇日は東北新幹線の東京―上野間が開業した日であり、何かの縁を感ずる。

注5　日本国有鉄道　明治初期以降、官設官営で行われてきた鉄道事業を引き継いで、独立採算の企業的経営を行うため、四九年に設立された公共企業体。当初は健全経営であったが、自動車・航空機の伸長で、六四年以降、旅客・貨物とも、輸送量・機関別運輸比率が減少して経営が悪化し、八七年に分割民営化された。

注6　長崎大水害　時間雨量一〇〇ミリを超す大雨が六時間も続く集中豪雨で、長崎市周辺の丘陵からの土石流、市内を流れる河川の氾濫、海面の上昇等でもたらされた都市型の大水害。

◇国鉄の全路線乗車

一九八〇年代は、国鉄の問題点が浮き彫りになり、批判が激しく、鉄道の無用・廃止の論調もみられたが、私は、長崎大水害等の体験から、鉄道は最も安全・安定・安心・安価な交通通信手段であると確信していた。そこで、鉄道に実際に乗車し、駅に乗降して、鉄道の良さを自分の足・目・耳で確かめることを思い立った。

国鉄の全鉄道路線（約二万二〇〇〇キロ）の乗車に八三年春に着手し、九二年秋、北海道の函館《はこだて》本線上砂川《かみすながわ》支線上砂川駅（注7）で達成した。

注7　函館本線上砂川支線上砂川駅　函館本線は、函館―長万部《おしゃまんべ》―小樽《おたる》―札幌《さっぽろ》―旭川《あさひかわ》間四二三キロの鉄道路線で、一九〇五年に全通し、北海道を代表する主要幹線である。上砂川支線は、本線砂川―上砂川間七・三キロの支線で、石炭輸送専用として一九年に開通し、二六年に旅客営業を開始したが、九四年に廃止された。

◇路線ごとの全駅乗降

国鉄の全路線乗車の旅を行っているうちに、鉄道の駅に魅せられる。駅は、鉄道では「列車が停車して旅客や貨物の乗降する場所」を意味する。本来の文字では「驛」と書き、「公用旅行者が乗り継ぐ馬・船・駕籠《かご》等を常備する場所」に由来し、警備のための関所や、食事・休憩・宿泊等をする宿場の機能をあわせて行う場合もあった。英語で駅を意味する

「ＳＴＡＴＩＯＮ」も、乗降場のほか、宿場や軍隊・警察の基地・駐屯地を意味する。

鉄道の駅は、人や物の乗り降りに加えて、人や物の交流を通じて所在地域とも相互に作用し合い、あたかも化学変化を起こしたかのように、一緒になって独特の文化を築く。そして、鉄道路線は、駅を線路で繋ぎ、列車を運行させることにより、活動の範囲を面・谷・帯へと広げる。そこで、鉄道路線ごとに全駅を乗降して歩き、駅自体を調べ、駅周辺や町を探訪し、自然や文化に接し、考察する旅に取り組むことにした。そこに新たな出会いや発見が生まれ、益々の発展がある。

鉄道路線ごとに全駅を乗り歩く旅は、一九九三年から二〇一三年までの間に、次の一一路線について実施していた。

①一九九三年の東海道線（東京─熱海─静岡─名古屋─京都─大阪─神戸）
②九四年の東北線（東京─宇都宮《うつのみや》─福島─仙台─盛岡─青森）
③九五年の山陽線（神戸─広島─門司《もじ》）
④九六年の中央線（東京─甲府《こうふ》─塩尻《しおじり》─中津川─名古屋）
⑤九七年の信越線（高崎─長野─直江津《なおえつ》─新潟）
⑥九八年の鹿児島線（門司港─博多《はかた》─熊本─鹿児島）
⑦九九年～二〇〇〇年の長崎線（鳥栖《とす》─諫早《いさはや》─長崎）

⑧二〇〇〇年～〇一年の常磐線《じょうばん》（日暮里《にっぽり》―水戸《みと》―岩沼）
⑨〇二年～〇四年の奥羽線《おうう》（福島―山形―秋田―青森）
⑩〇四年～一〇年の北陸線（米原《まいばら》―敦賀《つるが》―金沢―富山―直江津）
⑪一〇～一三年の羽越線《うえつ》（新津《にいつ》―新発田《しばた》―村上―鶴岡―酒田《さかた》―本荘《ほんじょう》―秋田）

これらの旅で出会い、見たり、聞いたり、調べたり、感じたり、発見したりしたことをまとめ、旅のおおむね一年後に、月刊誌（全国会計職員協会「会計と監査」）に連載して頂いた。

特に、一九九七年に執筆した「中央線の全駅乗歩記」、及び、二〇一一年に執筆した「北陸線の全駅乗歩記」が出版社の目に留まり、加筆補正のうえ、『出会い・発見の旅―中央線の全駅乗り歩き』（リバティ書房、一九九八年）、及び、『北陸線の全駅乗歩記　出会い・発見の旅』（文芸社、二〇一二年）の題で、単行本として出版することができた。次いで、二〇一〇～一三年に実施した羽越線の旅の記録をまとめて書き下ろして、『羽越線の全駅乗歩記』（文芸社、二〇一四年）の題で、単行本として出版させて頂いた。

◇「全駅乗降」路線の選定

鉄道路線ごとに全駅を乗り歩く旅の第一二線目としては、何線かを候補にあげて比較検討を続けてきたが、二〇一三年暮れ、次の理由から「高山本線」を選定し、一四年三月から乗り歩きの旅を開始した。

①高山線は、本州中部の山岳地帯を南北に横断する幹線である。

②高山線は、岐阜市と富山市、岐阜県と富山県、東海道線と北陸線、東海地方（名古屋を含む）と北陸地方とを結び、延長が二二五・八キロあり、支線も二線あったので、本線（後述）に分類される。

③高山線は、全線が単線で、電化されていない（非電化）路線だが、高性能の気動車を投入して高速化され、特急列車が一〇往復以上運転される。

④高山線は、山岳地帯を乗り越えて行くので、一方的な上《のぼ》り勾配と下《くだ》り勾配の区間に二分され、急勾配・急曲線が連続する。だが、勾配や曲線の度合いは、後発して建設される路線の有利さで、経験的に定められた基格の範囲内に収まっている。

⑤高山線は、飛騨川・神通《じんつう》川の渓流沿いに進むので、随所に渓谷美が見られ、その背後には険しい山々や森林が緑や雪・岩等に覆われ、多彩で重層的な景色が展開する。車

窓からこうした風景が見られるのは楽しみだ。時季・場所・時間等によって変わる景色の面白さ・素晴らしさは、鉄道風景として第一級だろう。

⑥高山線沿線の山も谷も深く険しいので、トンネル・橋梁等の鉄道構造物が多く、自然環境も風・雨・雪・土砂・水等が厳しく、被害も受けやすいので、鉄道施設を防護する対応策が随所に講じられている。

⑦高山線の沿線には、起点で川の町の岐阜に始まり、旧宿場町の美濃太田、古い温泉街の下呂、小京都と言われ落ち着いた文化都市の高山、城下町の古川、風の盆の八尾等の観光地に恵まれ、終点の富山は北陸随一の工業都市で、食文化にも優れている。

⑧高山線沿線は山国《やまぐに》で、農作物・食べ物・建物・工芸・祭・行事、芸能……等の各分野に独特なものがある。

⑨北陸新幹線の金沢開業が一五年春に行われ、高山線もその影響を受け、変化が予想される。

⑩高山線は、一四年秋に全線開通八〇周年を迎え、その象徴的建物の高山駅駅舎が改築され、一六年秋には完成の予定である。

⑪富山市内では、列車増発と新駅開設により、高山線の活性化を図り、富山駅の高架下に路面電車を乗り入れることなどにより、「鉄道を軸とするまちづくり」を進めている。

高山線の全駅乗歩記 ◆目次

第2章　岐阜県の旅（二）――飛騨地方――

第3章　富山県の旅 ——越中地方——

序章　高山線の基盤

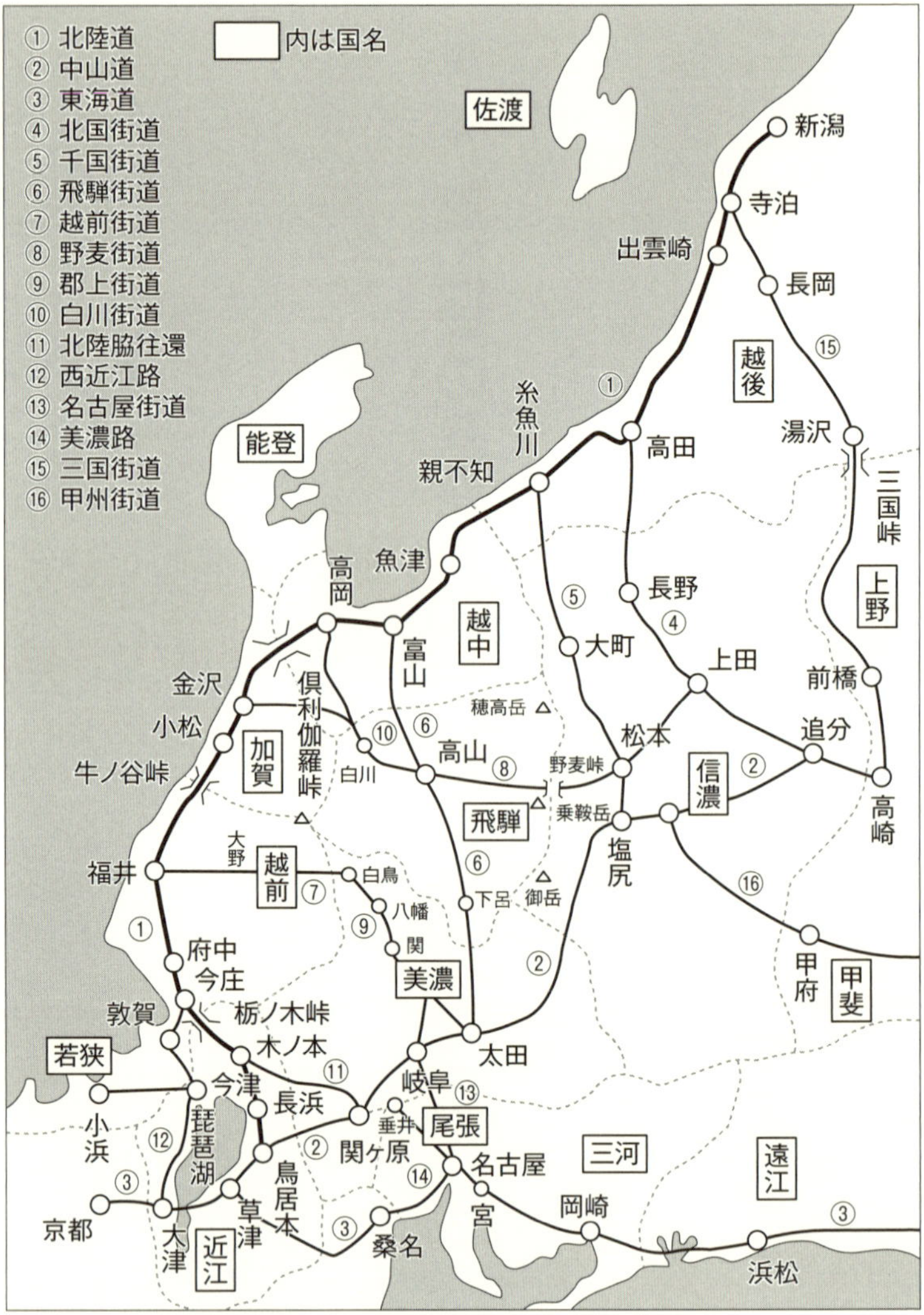

第1図　東海・北陸地方の国と街道

東海地方と北陸地方を結ぶ道

東海地方・北陸地方の国と街道

本州中央部（中部地方）の山岳地帯を南北に横断して、東海地方（静岡・愛知・岐阜［旧美濃国のみ］の三県に相当）と北陸地方（福井・石川・富山の三県に相当）とを結ぶ道は、第1図に示すように、古い時代から何本か存在していた。その主な道をあげると、次のとおりである。

[1]岐阜—〈中山道《なかせんどう》（②）〉—太田《おおた》—〈飛騨街道（⑥）〉—富山

[2]岐阜—〈郡上《ぐじょう》街道（⑨）〉—白鳥《しらとり》—〈越前街道（⑦）〉—福井

[3]岐阜—〈郡上街道〉—白川《しらかわ》—〈白川街道（⑩）〉—高岡

飛騨・郡上・越前・白川の道は、東海地方と北陸地方を三〇〇キロ以内の距離でほぼ直線に結んでおり、図面上では直行する最も近い道とみられるが、実際は険しく狭い山道が多く、雨・風・雪・土砂等による災害が発生して通行不能となることも度々であった。特に飛騨街道は、東海地方と北陸地方の間に、旧飛騨国が属する東山道《とうさんどう》(注1)の過酷な山岳地帯を通っていた。また、室町時代後半から安土桃山時代（一五七〇～一六〇〇年ころまで）は戦乱の時代で、中部地方も戦場や進軍の場となって、街道も荒れ放題となっていた。

そして、日本の道路及び地方区画の根拠は、大和朝廷が七世紀に定めた五畿七道《ごきしちどう》(注2)と江戸幕府が一七世紀初めに定めた「近世の五街道」によっている。五街道等は幕府の道《どう》中奉行《ちゅうぶぎょう》が管理する官道とされた。五街道は、京都を中心に東西に縦断する道が主流であり、中部地方には東海道(注3)、中山道(注4)、北陸道(注5)の三本の道が通っている。この三本の道は歴史も古く、官道またはこれに準ずる道として、道路自体も宿場も整備され、比較的充実しており、参勤交代の大名行列も通行可能であった。そこで、東海地方と北陸地方を結ぶ道としては、前述の直行する街道を避けて、中部地方をはみ出してでも、縦断する街道が利用された。この場合、街道の延長は四〇〇キロを超えるものもある。

この実例を岐阜—富山間についてあげると、次のとおりである。

[4]岐阜（加納《かのう》）—〈中山道（②）〉—塩尻《しおじり》（長野県）—〈千国《ちくに》街道（⑤）〉—糸魚川《いといがわ》（新潟県）—〈北陸道（①）〉—富山

[5]岐阜（加納）—〈中山道（②）〉—塩尻・上田・長野（長野県）—〈北国《ほっこく》街道（④）〉

―高田（新潟県）―〈北陸道（①）〉―富山

6 岐阜（加納）―〈中山道（②）〉―鳥居本《とりいもと》（滋賀県）―〈北陸道（①）〉―福井・金沢・高岡―富山

江戸時代になると、沿道の領主（藩主・代官）達は、人及び物の輸送に関心を持ち、道路の整備改良に努めるようになった。飛騨街道では、一五八五年に高山藩主となった金森《かなもり》氏も、一六九二年以降の歴代の代官も、飛騨の木材を尾張（名古屋）に移出し、尾張から米などの食料品を飛騨に移入した。また代官は、幕府や尾張藩との連絡を速く密に行う必要からも、道路の整備が求められた。北の日本海側については、木材と共に神岡《かみおか》で産出する鉱石を移出し、米と共に日本海の海産物や塩が移入された。街道は険しい山岳地帯で、馬がすれ違えないほどの狭い道もあったので、道路の整備は不可欠であった。この道路整備の工事は、天領《てんりょう》高山の代官に引き継がれ、富山藩と加賀藩の領主の前田氏も協力した。

注1　東山道　五畿七道の一つで、現在の中部・関東・東北地方の山岳地帯を指す。飛騨国（現在の岐阜県北部）は、この東山道に属す。街道名であると共にその沿道諸国をも言った。江戸期には、東山道は中山道に引き継がれた。

注2　五畿七道　大和朝廷が七世紀に定めた行政区画で、日本国（現在の本州・四国・九州）

を、天皇直属地の「畿内《きない》」（大和《やまと》・山城《やましろ》・河内《かわち》・和泉《いずみ》・摂津《せっつ》の五国、現在の奈良・京都（南部）・大阪の三府県）と七つの「道」に分けた。畿内とは都《みやこ》及びその周辺の直轄地、「道」とは畿内から連絡する道路とその沿道諸国を指している。七道とは、東海・東山・北陸・山陰・山陽・南海・西海の七道の総称である。

注3　**東海道**　七道の一つで、江戸時代に定めた五街道の一つでもある。現在の中部・関東両地方の太平洋岸に沿った地域、及び、所属する諸国を結ぶ交通路をも指している。江戸時代以降は、東京（首都圏）―京都・大阪（近畿圏）を太平洋側で結ぶ幹線交通路となる。延長は五〇四キロで、五三の宿場が設けられる。東海道は、中部地方では、尾張《おわり》・三河《みかわ》（愛知県）、遠江《とおとうみ》・駿河《するが》・伊豆《いず》（静岡県）の五国を通過している。

注4　**中山道**　近世五街道の一つで、板橋（東京都）から、武蔵《むさし》（東京都、埼玉県）、上野《こうずけ》（群馬県）、信濃《しなの》（長野県）、美濃（岐阜県）、近江（滋賀県）を経て守山《もりやま》に至る街道で、延長が五〇七キロある。木曽（岐蘇・吉蘇・吉祖・岐岨）路とも言い、七道の東山道を短縮し、東海道の裏街道、迂回路の役割を果たしている。東海道に次いで交通量も多く、六九の宿場が置かれる。

注5　**北陸道**　古代の七道の一つで、中山道の鳥居本（滋賀県）に発し、近江（滋賀県）、若狭《わかさ》（福井県）、越前（同）、加賀（石川県）、越中（富山県）を経て越後（新潟県）に至る街道

で、延長が五二〇キロある。中部日本の北陸地方を日本海沿いに南北に縦貫する道で、北《ほく》陸道《ろくどう》・北国街道・越《こし》の路とも言う。街道には四四の宿場が置かれる。古くから、北陸と畿内との物資・文化の交流路であったが、戦国時代には、野心に燃えた武将達の戦場と化した。

岐阜と富山を結ぶ道――飛騨街道

岐阜と富山、美濃地方と越中地方とを結び、本州中部の山岳地帯を南北に横断する道が、飛騨街道である。

飛騨街道は、中山道の美濃太田（岐阜県［美濃国］美濃加茂《みのかも》市）で分かれて、飛騨川沿いに、美濃の丘陵地帯を北東に向かって上り始める。飛騨川の河原は岩や石が多く、流れも険しくて曲がりくねっており、景勝地の飛水峡《ひすいきょう》等を通り、飛騨金山《ひだかなやま》（下呂《げろ》市）の宿場を通って飛騨国に入る。

飛騨国に入ると、飛騨街道の勾配や曲線は益々酷くなる。温泉で有名な下呂を過ぎると、山や川の谷は益々険しく、深くなる。萩原《はぎわら》の飛騨川公園のような平地もあったが、奇岩怪石があふれる中山七里《なかやましちり》の谷間《たにあい》を、飛騨川と一緒になって上り続ける。久々野《くぐの》を過ぎ、飛騨川が東に分かれると宮峠《みや》で、飛騨街道の最高地点の標高八〇〇メートルに達する。

その後、飛騨街道は下りに転じ、宮川と一緒に高山盆地に向かって下る。高山は、飛騨山脈等の山々に囲まれ、標高五八〇メートル前後の緑豊かな高原にあって、独特な伝統文化を醸し出す都市だ。代官等が置かれた飛騨国の中心地高山を、宮川と共に通り抜け、北に向かって下りにかかる。飛騨街道は、角川《つのかわ》の先で宮川と分かれ、東に折れて越中東街道に入り、神岡に向かう。神岡から一緒に北進してきた高原川《たかはらがわ》が、越中国に入って猪谷《いのたに》で宮川に吸収されて神通川となり、笹津《ささづ》まで一緒に北進を続ける。飛騨街道の終点となる富山は、神通川の下流部・河口部にあって、河川の勾配は緩いが、屈曲は酷しくなる。河川の氾濫や低湿地化が続出し、飛騨街道も何度も不通や迂回を余儀なくされた。そこで、歴代の富山藩主は、神通川の屈曲部を要害にして富山城を築き、治水工事や街道の維持補修に努めた。

なお、岐阜―美濃太田間については、中山道の同区間を使用すると飛騨街道に容易に繋ぐことができる。また、名古屋（尾張国）からでは、美濃路（注6）または犬山街道（注7）を使用して木曽川を渡れば、中山道に繋ぐことができる。

注6　美濃路　東海道宮宿《みや》（愛知県）―中山道垂井宿《たるい》（岐阜県）を結ぶ中山道の脇往還《わきおうかん》。延長は

三九キロあって、七宿が設けられる。木曽川・長良川・揖斐川《いびがわ》には渡し場がある。鈴鹿峠・七里の渡しなどの煩わしさを避けるため、利用客は多かった。

注7　犬山街道　東海地方の中心名古屋と各地を結ぶ多くの街道の一つで、名古屋の北方五里半（約二二キロ）に位置し、尾張藩の要衝である犬山（九一ページ）を繋ぐ街道である。濃尾平野を北にほぼ直進する平坦な道で、今日では県道64号線が踏襲し、国道41号線が一・五キロほど東を通る。また、中山道や飛騨街道には犬山で木曽川を渡って繋がることができる。

岐阜と富山を結ぶ国道――国道41号線

岐阜と富山を結ぶ道路としては、国道41号線があげられる。国道41号線は、名古屋市を起点とし、富山市を終点とする全長二五〇キロの道路である。美濃太田までの経路は犬山街道を、美濃太田以北は飛騨街道をおおむね踏襲する。そして、岐阜からは木曽川の北を並行する国道21号線（おおむね旧中山道と同じ）を東進して美濃太田に達し、ここで左折して国道41号線に乗ることになる。

国道41号線は、飛騨川・高山本線と並行して飛騨川の谷間を上り続ける。並ぶ順序は入れ替わるが、バイパス（迂回路）以外では五〇〇メートル以上離れることはないようだ。

下呂の温泉街、高山や古川の中心市街では、飛騨街道は市街を通っているが、国道41号線は市街から二キロ程度離れた場所を通っている。飛水峡や中山七里等の景勝地は、外から見るのではなく、その中にはまり込んで嘆賞することができる。

国道41号線は、一〇〇キロほど上り続けて宮峠（標高八〇〇メートル）に達し、宮川沿いに下り勾配に転ずる。飛騨国の中心都市高山の盆地を過ぎ、再び下り勾配にかかる。豪雪地帯であり防災設備は施されているが、鉄道も道路も難所で、被災を受けることも少ない。

終点富山まで七〇キロに近づいた細江（飛騨市）付近で、国道41号線は、宮川や高山線と分かれ、越中東街道と称して北東に向かい、神岡に至り、再び左に転じて高原川沿いに北西に進む。三〇キロほど進んで富山県に入り、猪谷（富山市細入《ほそいり》）付近で越中西街道（国道360号線）を吸収する。一方、高原川は、越中西街道と一緒に来た宮川に吸収されて神通川となる。

神通峡までの八キロの間は国道41号線と神通川が並行するが、笹津（富山市大沢野）から二五キロの間は、西に膨らむ高山線、富山市中心部を北に流れて富山湾に流入する神通川、富山市中心部の終点に向かう国道41号線（飛騨街道）の三線が、二～三キロ間隔で北に向かう。

高山線の概要

経路

高山本線は、軌間(注1)が一〇六七ミリの狭軌(注2)の鉄道路線で、次ページの第2図のとおり、東海道本線岐阜駅（岐阜県岐阜市）を起点、北陸本線富山駅（富山県富山市）を終点とし、延長は二二五・八キロある。飛騨街道を踏襲し、高山市を経由して、東海地方と北陸地方、岐阜・富山の両県、美濃・飛騨・越中の三国を結ぶ主要な鉄道路線である。起点・終点の周辺以外は平地がほとんどなく、延長の七五％（一六八キロ）以上が標高一〇〇メートル以上の険しい山間部の中部山岳地帯を、飛騨川または神通川沿いに急勾配・急曲線で上りまたは下っていく山岳路線でもある。沿線住民にとっては必要不可欠の生活路線であり、温泉・景勝地・史跡、独特な伝統文化など、魅力ある町が連なる観光路線でもある。だが、高山本線の鉄道施設は、単線非電化で、気動車が運転されており、その位置・地形から、台風・集中豪雨・豪雪等の自然災害で被災することも少なくない。

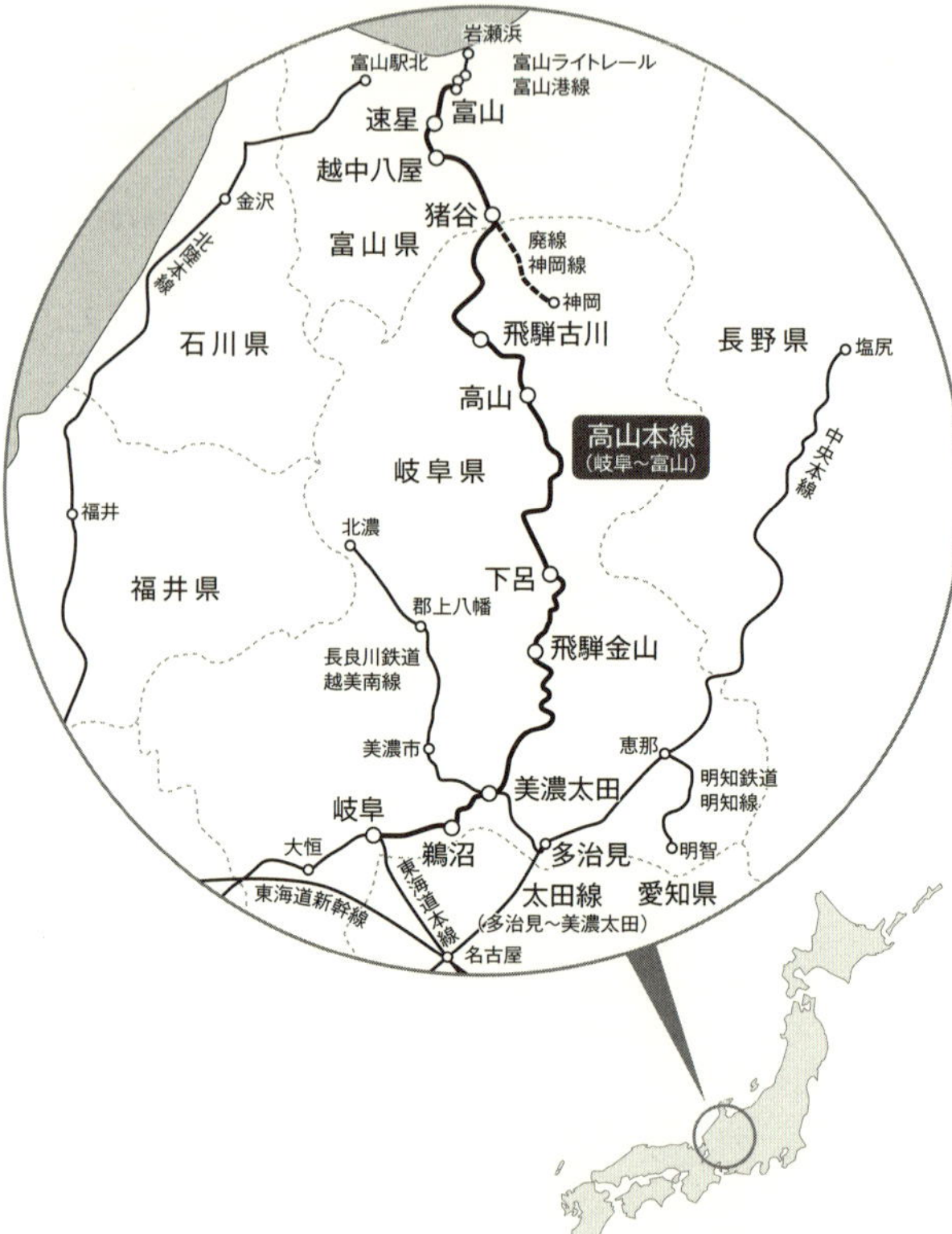

第2図　高山線の鉄道路線図

高山本線の下り列車は、起点の東海道本線岐阜駅の高架ホームを発車し、すぐに坂を下り、濃尾《のうび》平野（注3）を東に直進する。五キロ余で岐阜市を出て各務原《かかみがはら》市に入り、各務ヶ原《かがみがはら》の丘陵地帯を、名鉄各務原線（後述）・国道21号線（中山道）と共に、緩やかに上り始める。右に犬山城（後述）の美しい姿が見えると東南東に向きを変え、鵜沼《うぬま》駅に着く。木曽川（後述）の景勝地日本ラインに沿って北東に転じ、緩やかに上り続ける。坂祝《さかほぎ》町を経て美濃加茂《みのかも》市に入り、美濃太田駅に着く。太田は、岐阜から二七・三キロの位置にあり、中山道の宿場町（後述）、木曽川の河港として発展し、ＪＲの太多《たいた》線（一〇七ページ）と長良川鉄道（一二六ページ）を分岐する。

美濃太田駅を出た列車は、木曽川・国道21号線と分かれ、飛騨川に沿って国道41号線と並行しながら、川辺《かわべ》町・七宗《ひちそう》町、白川町を北進する。上麻生《かみあそう》駅を過ぎると、奇岩怪石がゴロゴロある飛水峡の渓谷美が、一二キロにわたって車窓に展開する。上り勾配と曲線が連続し、延長五〇〇メートル以上のトンネル、延長一〇〇メートル以上の橋梁が続く。起点から六五キロ付近で、列車は旧美濃国の白川町から旧飛騨国の金山町《かなやまちょう》（現・下呂市）に入り、標高は二三一メートルに達し、岐阜から二二〇メートル、美濃太田から一六二メートル上ったことになる。

飛騨金山駅を出ると益田川《ましたがわ》（飛騨川の上流部の呼称）沿いに上り始める。上り急勾配・

急曲線の強度も頻度も増し、しかも勾配や曲線が小刻みに、短区間で頻繁に変化する。中山七里と呼ばれる渓谷が二八キロほど続く（一五七ページ）。渓谷は、深く・狭く・険しくなり、山国の中を行く感じだ。益田川の川幅が広くなり、対岸（東岸）に温泉街が広がると下呂駅だ。起点から八八・三キロ、標高は三六八メートルの位置にある。

下呂駅を出た列車は、益田川を三回渡り、急勾配で上り続け、北北西の方向に進む。高山線では珍しい単線・片面式ホームの禅昌寺《ぜんしょうじ》駅へはもう一度橋を渡り、山の中の小盆地にある飛騨萩原駅を過ぎ、上り急勾配区間にかかる。下呂から三七キロの区間はトンネルがなく明かり区間(注4)なので、山岳路線の厳しさ、険しい峡谷の清流・岩肌や地形、多彩な緑を満喫できる。木曽御嶽山《おんたけさん》の岐阜県（飛騨国）側登山口である飛騨小坂《ひだおさか》駅は、起点から一〇八・八キロ、標高は五一八メートルを超える。

飛騨小坂駅を過ぎると、峠越えの最終局面に入り、峡谷はさらに狭まり、上り勾配もさらに険しくなり、急勾配が一七キロ余も連続する。この間に益田川を一〇回も渡り、右に左に曲がりながら北上する。高山市に入り、久々野駅の手前で益田川と分かれ、代わって山梨《やまなし》川に沿って北に遡ること二キロで宮峠に至る。この峠を貫く宮トンネルの入口（起点から一二五・四キロ）が最高点（頂上）で、標高は七一四・一メートルに達する。これが南流して太平洋に注ぐ木曽川（飛騨川）系と、北流して日本海に注ぐ神通川（宮川）系との分水嶺《ぶんすいれい》である。

列車は、延長二〇八〇メートル（高山線最長）の宮トンネルを一気に下り、東に半円形の環状線を描いて北進に戻り、飛騨一ノ宮駅に着く。標高は六四六メートルまで下がる。眼下には整然とした高山市街を見下ろせ、これを取り囲むように飛騨山脈・飛騨山地（北アルプス）の山々が連なり、重なる光景が展開する。神通川に沿って下る勾配が緩やかになると高山盆地に入り、市街の西部に開設された高山駅に着く。起点から一三六・四キロ、標高五七三メートルの位置にある。高山は、飛騨地方の中心地であり、中央に宮川が流れ、落ち着いた町並みと伝統文化を継承する地で「小京都」とも言われる。

高山駅を出て五キロ、高山盆地北端の上枝《ほずえ》駅までは勾配が緩やかで、ほぼ直線であるが、すぐに大きく左に回って北西に向きを変え、山間部を抜けると飛騨市となり、古川《ふるかわ》盆地に出る。四駅、一三キロほど続く細長い盆地で、古代の国府があった地で古墳や寺社が多い飛騨国府《ひだこくふ》駅、中世の城下町があった飛騨古川駅などが、串団子のように刺されている。標高は五〇〇メートル程度となる。

飛騨細江駅からは宮川の峡谷が再び始まり、急勾配、急曲線が断続的に繰り返す。飛騨細江駅から富山県境（杉原駅の北三キロ）までの約三七キロの区間は豪雪地帯で、雪崩《なだれ》の恐れがあるので、随所に防雪林やスノーシェルター（雪崩防止柵）が設置されている。角川駅の先で、大きく右に回って北東に向きを変え、陸中西街道（国道360号線）と並行して進む。杉原駅の標高は三一一メートルまで下がる。

起点から一八四・三キロ付近で富山県に入ってからも下り急勾配、急曲線、トンネル、雪崩防止柵等を経ながら猪谷駅（富山県富山市）に向かう。標高は二一七メートルまで下がる。猪谷駅ではかつて神岡線（神岡鉄道、後述）が分岐していたが、今日では廃止されて、線路も撤去されている。そして、一九八七年の国鉄の民営分割で、起点の岐阜から猪谷までの一八九・二キロの区間はJR東海の所属となり、猪谷駅から終点富山駅までの三六・六キロの区間はJR西日本に分属された。特急列車こそ起点～終点間を直通運転しているが、普通列車は猪谷で全て折り返し運転となり、直通運転はなくなった。

猪谷駅の手前で高原川を吸収した宮川は、神通川と名称を変え、深い峡谷をつくって北流し、富山湾に注ぐ。猪谷駅から笹津駅までの約一二キロの区間は、神通峡《じんつうきょう》と呼ばれる景勝地を右下に見ながら、急勾配、急曲線で下り続ける。起点から二〇〇・五キロの笹津駅の標高は一〇五メートルまで下がる。

笹津駅からは緩やかな下り勾配で北西に進み、北進する神通川とは分かれ、越中八尾《えっちゅうやつお》駅に出る。秋の訪れを告げる「風の盆」で賑わう町で、起点から二〇八・七キロ、標高は六三メートルまで下がる。谷の幅は広がり、水田地帯となっているが、新しい住宅や工場も増えてきた。千里《ちさと》、速星《はやほし》の駅からは左に呉羽《くれは》丘陵が近づく。二〇〇五年に県境の猪谷まで富山市に吸収合併されたため、この付近からは富山市のベッドタウン化も進んでいる。このため高山本線活性化社会実験を開始し、二〇〇八年に婦中《ふちゅう》鵜坂《うさか》駅も新設された。その後、通勤通学客が増えて、その効果が表われてきた。西富山駅からは右に回って北陸本線と合流し、神通川を新神通川橋梁で渡り、西北西側から起点富山駅に着く。起点岐阜から二二五・八キロの高山本線の旅は終わる。富山湾からは約七キロ南にあるが、標高は八・五メートルとなる。

注1　軌間　軌道の左右のレール頭部の内面側の距離。

注2　狭軌　イギリスで一八二五年の鉄道操業時に採用された軌間（一四三五ミリ）を標準軌とし、これより狭い軌間を言う。日本では、一八七二年の鉄道操業時に、一〇六七ミリの軌間を採用して以来、これが在来線の主流となっている。

注3　濃尾平野　岐阜県南部と愛知県にまたがる沖積平野。木曽川・長良川・揖斐川の下流域は干拓されて水田が広がり、丘陵の乏水《ぼうすい》地域では愛知用水の開通で営農が改善され、北部・東部地域では野菜や果樹の栽培が、尾西地域では機業が行われている。

注4　明かり区間　高架橋、土路盤等、太陽光が直接当たって明るい区間の総称。トンネル以外

の区間を指す。

沿革

「岐阜―高山―富山」を結ぶ鉄道路線については、一八八〇年代から幾つかの構想が出されていたが、一八八九年に東海道線、一九一一年に中央線、一三年に北陸線が全通し、一八九二年制定の鉄道敷設法で「松本または岐阜―高山―富山」の路線が建設予定線となったことなどにより、建設の機運が高まった。

一九一八年四月、従来の飛騨街道をほぼ踏襲して、高山線として岐阜―高山間の測量に着手し、一九年五月、一五工区に分けて着工された。二〇年一一月、岐阜―各務ヶ原間一三・二キロが竣工開業した。次いで二一年一一月、各務ヶ原―美濃太田間が延伸開業した。山間部に入り、急勾配・急曲線、トンネルや橋梁の建設工事が続いたが、順次開業し、二八年三月には飛騨金山までの六六・七キロが開業した。

飛騨路に入ると、一五〜二〇‰の急勾配(注5)、R302の急曲線(注6)が連続し、下呂までの二〇キロの間に二一のトンネルと一〇の橋梁がみられる難工事で、下呂までの開業は三〇年一一月となった。下呂から先の二〇キロの区間は、急勾配・急曲線と益田川を左右に渡る橋梁は多いが、トンネルはなく、明かり区間なので、飛騨小坂駅（起点から一〇八・八キロ）までの開業は三三年八月となった。

一方、終点の富山方からも北陸線の支線として、飛越《ひえつ》線の路線名で、富山―高山間が二四年六月に着工された。二七年九月、富山―越中八尾間一七・一キロが西に回って開業し、南に延伸して二九年一〇月には笹津まで、三〇年一一月には猪谷まで開業した。三三年一一月には岐阜県に入って坂上《さかかみ》まで五九・二キロが開業した。富山―笹津間二五キロの区間は比較的平たんな地形であったが、笹津―坂上間約三四キロの区間は二〇‰の上り急勾配、R302の急曲線の連続で、二三のトンネル、一七の橋梁がある状況であり、加えて豪雪地帯なので、建設でもその後の運転でも難所であったと言う。

そして、最後まで残ったのは、高山線では飛騨小坂―高山間二七・六キロ、飛越線では坂上―高山間三〇・二キロ、計五七・八キロであった。前者では、久々野―飛騨一ノ宮間で高山線最長（二〇八〇メートル）の宮トンネルが工事中に断層や大量湧水で悩まされたが、国の直轄工事として、当時の最新鋭の掘削機械や要員を導入して三三年二月に貫通し、飛騨小坂―久々野間の第一三益田川橋梁（延長一五六メートル）も竣工した。後者では、七のトンネル、一二の橋梁もあって、有毒ガスや岩盤崩落で難航したが、三四年一〇月二五日にようやく完成し、岐阜―高山―富山間二二五・八キロが単線・非電化で全通開業した。

この路線の名称については、県庁所在地の岐阜・富山の両都市を結び、越美線《えつみ》（後述）という支線も開業していることなどから、「本線」の要件(注7)を充足するとして、「東海道線の部」から独立した「高山線の部」が設立され、従来の高山線と飛越線を合体して「高山本線」と命名された。

高山本線は、開業以来八〇年、飛騨地方を貫いて東海地方（岐阜・名古屋）と北陸地方（富山）を結び、中部山岳地帯を横断する鉄道路線として、沿線の生活・林業・鉱業・観光等に寄与し、相互に作用し合って成長してきた。しかし、高度成長期から、高山線沿線では人口の流出が続き、利用客が減少し、収支が合わない状況であった。

当時の国鉄の経営は破綻状況にあり、国鉄を再建するため、八〇年、国鉄経営再建法が制定され、利用者が少なく、運営の改善を行っても収支の均衡が保てない「赤字ローカル線」については整理されることになった。すなわち、国鉄路線を、一日一キロ当たりの平均輸送人員(注8)を指標として、これが八〇〇〇人以上の路線を幹線、八〇〇〇人未満の路線を地方交通線に、中でも四〇〇〇人未満の路線を特定地方交通線に区分した。そして、幹線は維持し、地方交通線は維持はするが運賃が幹線よりも一割ほど高く設定され、特定地方交通線は、国鉄あるいはＪＲの路線からは外れて、第三セクターや既存民鉄に、あるいはバスに転換されることになった。

高山本線は、平均輸送人員が少ないため地方交通線に、支線の越美南線と神岡線は特定地方交通線に区分され、第三セクターの長良川鉄道と神岡鉄道に転換された。なお、本州にある「本線」のうち、幹線ではなく、地方交通線に区分されたのは、高山本線だけである。

そして、八七年四月、国鉄の分割民営化でJR各社が発足し、高山線も猪谷以南はJR東海に、以北はJR西日本に分属された。

飛騨川及び神通川沿いに進む高山本線は、地形が険しく、地質も多様でもろく、気象も変化が激しいことから、何度も自然災害に遭遇してきた。九六年には焼石《やけいし》—下呂間で落石が発生し、特急〈ひだ〉が岩に衝突して脱線し、一六人の負傷者が出たり、二〇〇四年一〇月の台風23号の集中豪雨により、橋桁の流出や盛土の崩壊で、高山—猪谷間が完全復旧するまで三年間かかった。

二一世紀になると、高山線にも良い兆候が見られる。

①飛騨地方の中心都市の高山市等では、飛騨山脈の高い山が存在する小村を市域に吸収して、観光資源として活用する

②北陸新幹線の長野—金沢間開業により、国内外の旅行者を高山線に誘致

③富山市内の路面電車を環状線化し、富山駅高架下に乗り入れる
④高山線の富山近郊区間では新駅を開設し、通勤通学時間帯に列車を増発する
これらの積極的な施策、利便性の向上等により、利用者の減少を抑え、富山近郊区間等では利用者増加の成果が早くも見られる。

注5　勾配と急勾配　勾配は、坂や斜面の傾斜の程度を示すもので、線路の高低差を千分率で表した単位をパーミルと言い、‰で表示する。数字が大きいほど勾配が急なことを示す。鉄道の場合、おおむね一五‰を超えるものを急勾配と言う。

注6　曲線と急曲線　線路が左右に曲がる曲線の度合を示すため、その曲線を続けて円にした時の半径をメートルで表した単位を曲線半径と言い、Rで表示する。数値が小さいほど曲線が急なことを示す。鉄道の場合、おおむねR４００未満を急曲線と言う。

注7　本線　我が国の国鉄やＪＲの線路名称は、一九〇九年制定の「国有鉄道線路名称」によって定められている。系統別の大区分（例えば東海道線・高山線）を「〇〇線の部」と表示し、部の下に線別の小区分（東海道本線・山手線・横須賀線、高山本線・越美南線・神岡線）を連ねる。
本線の名称が付くＪＲの鉄道路線は、現在、三一線（路線延長九二〇〇キロ）あり、ＪＲ

全路線数の二〇%、路線延長の四六%を占める。そして、〇〇本線とは、
①同線から分岐する路線（支線・枝線）がある
②路線延長が二〇〇キロ以上ある
③県庁所在地等の主要都市を結ぶ
④特急列車・急行列車等が運転される
の四条件が充足する路線を言う。

注8

平均輸送人員　平均輸送人員は、平均通過人員、輸送密度とも言われ、旅客営業キロ一キロ当たりの一日平均輸送人員を指す。線区別の年間輸送人キロを当該線区の年間営業キロ及び三六五（年間日数）で除したもので、人数で表示される。

因みに、ＪＲ東海管内の幹線路線について、二〇一一年の平均輸送人員と整理区分は次のとおりである（週刊東洋経済臨時増刊『鉄道―二〇一四年版』による）。

東海道新幹線	二一万九〇五〇人	幹線
東海道本線	四万五四二九人	幹線
中央本線（西線）	二万八五八九人	幹線
関西本線	一万三三三九人	幹線
御殿場線	六九一一人	幹線

高山本線	三一九二人	地方交通線
身延線	二七五五人	地方交通線
飯田線	一九八三人	地方交通線
紀勢本線	一八二九人	幹線
名松線	二五六人	地方交通線
長良川鉄道（越美南線）	三五八人	特定地方交通線→第三セクター
天竜浜名湖鉄道（二俣線）	七六二人	特定地方交通線→第三セクター

複線化と改良

高山本線は当初、駅構内を除いて、線路が一本のみ敷設され、下り列車と上り列車（注9）が共用する単線区間として建設された。一九六三年正月のいわゆる「サンパチ豪雪」で、日本海側の鉄道、道路等の交通機関の不通が相次ぎ、麻痺状態となった際、高山本線では除雪作業を強化して、生鮮食料品や医薬品を東海地方から日本海側に輸送して救援活動を行った。これに感動した有力政治家が高山本線の重要性を評価したことから、以後、高山本線の複線化・電化を求める運動が高まった。

複線化（注10）を図るには、①用地取得、建設工事に多大な費用と時間を要し、②輸送人員の伸びが期待でき、採算も見込めることが必要だが、当時の状況ではこれらが期待できなかった。さらに、③高山本線の路線自体に、後述のように、複線の要素が内蔵されている。これらの理由で複線化は下火となった。代わりに速度向上、輸送力の増強、要員合理化の手段として、列車集中制御装置「ＣＴＣ（注11）」と強力な気動車の導入が図られた。そこで、本線でありながら、開業後八〇年間も単線が続いている。だが、起点近くの各務原市内や終点手前の速星八尾地区の駅など、住宅や企業の団地や学校が進出し、乗降客が増えている駅もあるので、この区間については複線化（部分線増）することも期待されよう。

複線・改良要素の内蔵については、次の処置がとられている。

①国鉄では、中央線や信越線等の山岳線建設の経験から、山間部を走る横断線について、「勾配は二〇‰以下、曲線半径はＲ２５０以上」の線路規格を大正中期に定めた。高山本線では、この線路規格を厳格に守って、「二〇‰以下の勾配、Ｒ３０２以上の曲線」で設計施工されている。そこで、高速化、快適化の要請から小改良は行われているが、根本的な改良は行われていない。

②「駅間距離（注12）が長い場合等には、必要に応じて信号場（注13）を設置する」としていた。高山本線では、この定めに従って、開業当初に開設された三九駅のうち三七駅が

相対式ホームまたは島式ホームで複線以上の配線(注14)となっており、開業後に開設された六駅のうち二駅も複線となっており、さらに信号場も四場が複線で開設されている。

駅構内の複線化、信号場の開設、Y字《ワイじ》型分岐器の設置(注15)等により、上り・下り列車の行き違い、列車の待避・追い越し等が容易になり、列車の運転本数の増加（輸送力の増強）、列車ダイヤの乱れへの対応・調整にも役立つことができる。

注9　下り列車・上り列車　下り線・上り線　単に**下り**・**上り**とも記し、原則として、起点方から終点方に向かう列車を下り列車、終点方から起点方に向かう列車を上り列車と言う。列車番号は、原則として下り列車には奇数、上り列車には偶数が付けられる。

注10　複線化　複線とは、二本の線路を並行して敷設し、下り列車と上り列車が別の線路を限定使用するもの。複線化とは、単線の線路に新たな線路を敷設して二本の線路とすること。

注11　ＣＴＣ（列車集中制御装置）　Centralized Traffic Control の略で、人間のミスを防ぐ高性能の信号保安装置の一種で、ある線区の列車運転制御を司令室で統一して行い、列車ダイヤが乱れた時は、司令室から直接、列車運転士に指示する制度。高山線のＣＴＣは、太多《たいた》線（多治見《たじみ》―美濃太田）と共に、美濃太田駅に設けられた司令室で行われる。

注12 **駅間距離** 駅と次の駅との間の距離。**駅中心**と駅中心の間で計測される。駅中心は駅長室、出札口、ホームの中央（真ん中）等で定めることが多く、駅中心の位置は標石・石碑・木柱・ペンキ書き等で表示されていることが多い。駅中心は運賃計算の基礎となる。

注13 **信号場** 列車が発着する停車場の一種で、駅とは違って、旅客・貨物の取り扱いは行わず、列車の行き違い・追い越し等のための待避線を設けて複線となっており、これに必要な信号保安設備・詰所等が設けられている。

注14 **駅の配線** 駅の線路配置（略して『配線』）には、次のような様式がある。

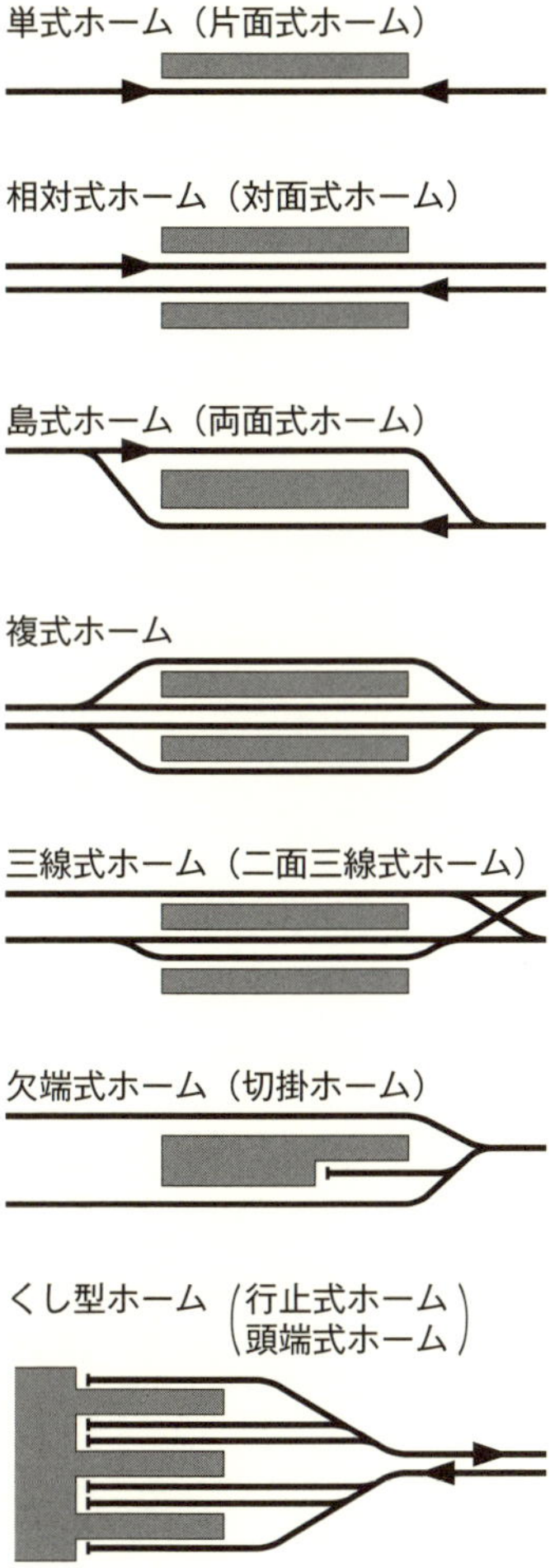

注15 **分岐器** 一つの線路を二つの方向に分け、二つの線路を一つの方向に統合する設備を分岐器

と言う。片開き・両開き・振り分けなどの種類がある。両開き型分岐器のうち、二つの線路が同じ角度で分かれているものをY字型と言う。Y字型だと、下り上りの両列車、下り上りの両ホームとも対等に使用でき、特急列車も速度を落とさずに通過できる利点がある。そこで、高山線の複線以上の駅では全駅の出入口にこのY字型分岐器が採用されている。

電化

高山本線は、他の路線と同様、一九二〇年の部分開業以来、蒸気機関車の牽引による客車列車で運行されていた。山岳路線で勾配・曲線・トンネルが多いので、当時の高山線の旅は、機関士も乗客も機関車の煤煙《ばいえん》に悩まされて、さぞ大変であったろうと思う。

戦後、一九五六年に気動車が運転されて以来、蒸気機関車は気動車に順次置き換えられ、六九年には撤退した。飛騨川にも神通川にも水力発電所があって、電力の地産地消を図るためにも高山線電化の要望は高まったが、実現されず、代わりに列車集中制御装置が導入された。この結果、各駅に運転要員を配置する必要がなくなり、駅の無人化が進んだ。

そして、七七年に高山線の電化工事調査費が計上され、八〇年五月一九日に電化工事が認可され、二七日にようやく高山駅で起工式が行われた。だが、国鉄の経営悪化と分割民営化後の採算性が疑問視されたことにより、架線用電柱を約四〇〇本建てた段階で、間もなく工事は凍結され、その後三五年余も非電化のままとなっている。

駅

高山本線に開設されている駅は、東海道本線に属する起点の岐阜駅、及び、北陸本線に属する終点の富山駅を含め、計四五駅あり、他に信号場が四場ある。県別には、岐阜県が三五駅、富山県が一〇駅あり、岐阜県は旧美濃国一四駅と旧飛騨国二一駅に分かれる。

高山本線の駅は、開業時に開設されたのが四〇駅、開業後新たに開設されたのは五駅で、信号場から昇格した駅はない。

高山本線の駅間距離は、平均五・一キロで、他の本線が四キロ台中ばであるのに対し、やや長い。美濃国は四・八キロ、飛騨国は五・七キロ、富山県は四・五キロと差がある。最長は焼石―下呂間（飛騨）の一二・六キロ、二位は坂上―打保間（飛騨）の九・八九キロ、三位は上麻生―白川口《しらかわぐち》間（美濃）の九・八六キロである。一位は飛騨川随一の景勝地である中山七里の中にあり、少ケ野《しょうがの》信号場も設けられており、二位は豪雪地帯で、谷間に小集落が点在する山里であり、三位も景勝地の飛水峡を遡る地帯で、同名の信号場が設置されている。最短は速星―婦中鵜坂間の（富山県）一・七キロ、二位は飛騨古川―杉崎間（飛騨）の二・三キロ、三位は杉崎―飛騨細江間（飛騨）の二・四キロで、いずれも開業後に新駅が開設されたことによる。

駅の種類別では、全四五駅が毎日営業する常設駅で、特定の時期に限って営業する臨時駅はない。ＪＲ東海またはＪＲ西日本の社員を配置する直営駅（駅員配置駅、有人駅）が七駅、駅業務をＪＲ関連会社等に委託する委託駅（業務委託駅）が二駅、近距離乗車券等の発売・清掃等を地元の市町村・商工会・農協等に委託する簡易委託駅が三駅、駅員を配置しない無人駅（駅員無配置駅）が三三駅ある。列車集中制御装置の普及に伴い、駅の降格が進み、直営駅や委託駅が減少し、簡易委託駅や無人駅が増加する傾向にあり、特急〈ひだ〉の停車駅でも無人駅がある。

高山本線の各駅の一日当たりの平均乗降人員（以下『乗降客』（注16）と言う）は、岐阜の六〇二〇二人が最多、富山の三二四九二人が二位、美濃太田の五六四〇人が三位で、高山・鵜沼・速星が二〇〇〇人以上である。高山本線の駅では一般に減少傾向にあるが、通勤通学圏となる岐阜近郊や富山近郊では、最近、回復・増加の傾向がみられる。

注16　**乗降客**　各駅の一日当たり平均乗降人員（乗降客）は、朝日新聞出版発行の『ＪＲ全駅・全車両基地48　岐阜駅』掲載の「各駅の一日の乗車客数（平均）」を二倍したもの。この乗車客数は、ＪＲ各社及び地方自治体が発表した二〇一一年の数値に基づいている。無人駅・簡易委託駅の乗降客は当書に掲載されていないので、他書から引用したが、これについては「〇〇人程度」と記載した。

支線と「高山線の部」

支線とは、本線に対する言葉で、幹・柱とする路線から分岐する路線を総称し、通称はあるが正式の名称（線名）ではなく、本線の中に含まれている。

高山本線には、このような支線は存在しない。

鉄道路線には、固有の線名を持った独立の路線だが、幹・柱とする路線（本線）の駅を起点とし、そこから分岐する路線（枝線）があり、これらを支線・枝線・ローカル線等と称する。分岐される路線（本線）と分岐した路線を総称して、〇〇線の部、〇〇線群、〇〇線グループなどと呼ぶ。日本の「国有鉄道線路名称」では、この幹・柱となる路線のうち一定の要件を充たす路線を「本線」と称し、本線を幹・柱として、「〇〇線の部」と定めた。

「高山線の部」には、現在の高山本線を幹とし、枝線として次の二線があった。これらの枝線は、市販の時刻表や鉄道案内では、通常、高山本線の後に掲載されている。
①越美南線（高山本線美濃太田—北濃《ほくのう》間）七二・二キロ（岐阜県）。一九三四年八月開業。八六年第三セクター化（長良川鉄道）
②神岡線（高山本線猪谷—神岡間）一九・九キロ（富山県・岐阜県）。六六年一〇月開業。八四年第三セクター化（神岡鉄道）二〇〇六年廃止

高山線の全駅乗降の歩み

高山線の駅の乗降状況

高山線の全駅乗り歩きの旅を計画した二〇一四年二月の時点では、五一ページの第1表のとおり、全四五駅のうち二三駅が乗降済み、二二駅が未乗降であった。高山線の全駅乗降の旅は、同年三月、起点方の岐阜―飛騨金山間から開始した。

未乗降駅が多い岐阜県飛騨地方の駅の乗降を優先し、同年七月、第六回目の旅で、岐阜県最北から二番目の駅の打保駅（二四九ページ）で高山線全四五駅の乗降を達成した。

乗降済みの駅でも、乗降した時期が古かったり、ごく一部の史跡や狭い範囲の施設しか見ていなかったりする駅も少なくなかったので、結局、今回の旅で、全ての駅に乗降して探訪することにした。特に、岐阜・美濃太田・下呂・高山・古川・八尾・富山等、駅自体及びその周辺の市街に、自然・文化・歴史等に富む地域も多いので、何度も乗降して探訪した。

さらに、今回の高山線の旅では、次のように、探訪箇所を拡大して、高山線を多角的・多面的に把握し、著すことに努めた。
①岐阜市の周辺で、高山線との関係が深い羽島《はしま》・大垣・名古屋・犬山等の都市
②高山を囲む飛騨山脈の山々（乗鞍岳・穂高岳・野麦峠等）、白川郷
③高山線沿線の山里に伝わる民俗行事
④富山市における「鉄道を軸としたまちづくり」（高山線の新駅開設・列車増発、市内電車の活用）
⑤北陸新幹線長野―金沢間の延伸開業、富山駅の高架化と市内電車の乗り入れ
第1表のように、こうした補充や仕上げの旅を含め、計一七回の旅を二〇一五年一〇月までの間に実施し、旅の精度を高めた。

第1表　高山線の駅と乗降状況

県名	主要駅名（起点からの距離 km）	駅（2014.3.1現在）総数	乗降済	未乗降
岐阜県（美濃）	岐阜（0.0）			
		7	7	0
	美濃太田（27.3）			
		7	1	6
岐阜県（飛騨）	飛騨金山（66.7）			
		2	1	1
	下呂（88.3）			
		5	2	3
	飛騨小坂（108.8）			
		4	1	3
	高山（136.4）			
		3	1	2
	飛騨古川（151.3）			
		7	0	7
富山県（越中）	猪谷（189.2）			
		4	4	0
	越中八尾（208.7）			
		6	6	0
	富山（225.8）			
	合　計	45	23	22

「全駅乗り歩きの旅」の実施時期（上段：20XX年　中段：月　下段：日）

回	1	2	3	4	5	6	7	8	9	10	11	12	13	14	15	16	17
時期（上段）	14	14	14	14	14	14	14	14	14	14	14	14	14	15	15	15	15
時期（中段）	3	3	4	5	6	7	8	8	9	10	10	11	12	1	2	4	10
時期（下段）	5〜7	27〜28	8〜10	7〜9	19〜21	23〜25	5〜7	28〜30	12〜13	9〜11	24〜26	14〜16	11〜13	28〜30	12〜13	16〜18	2〜4

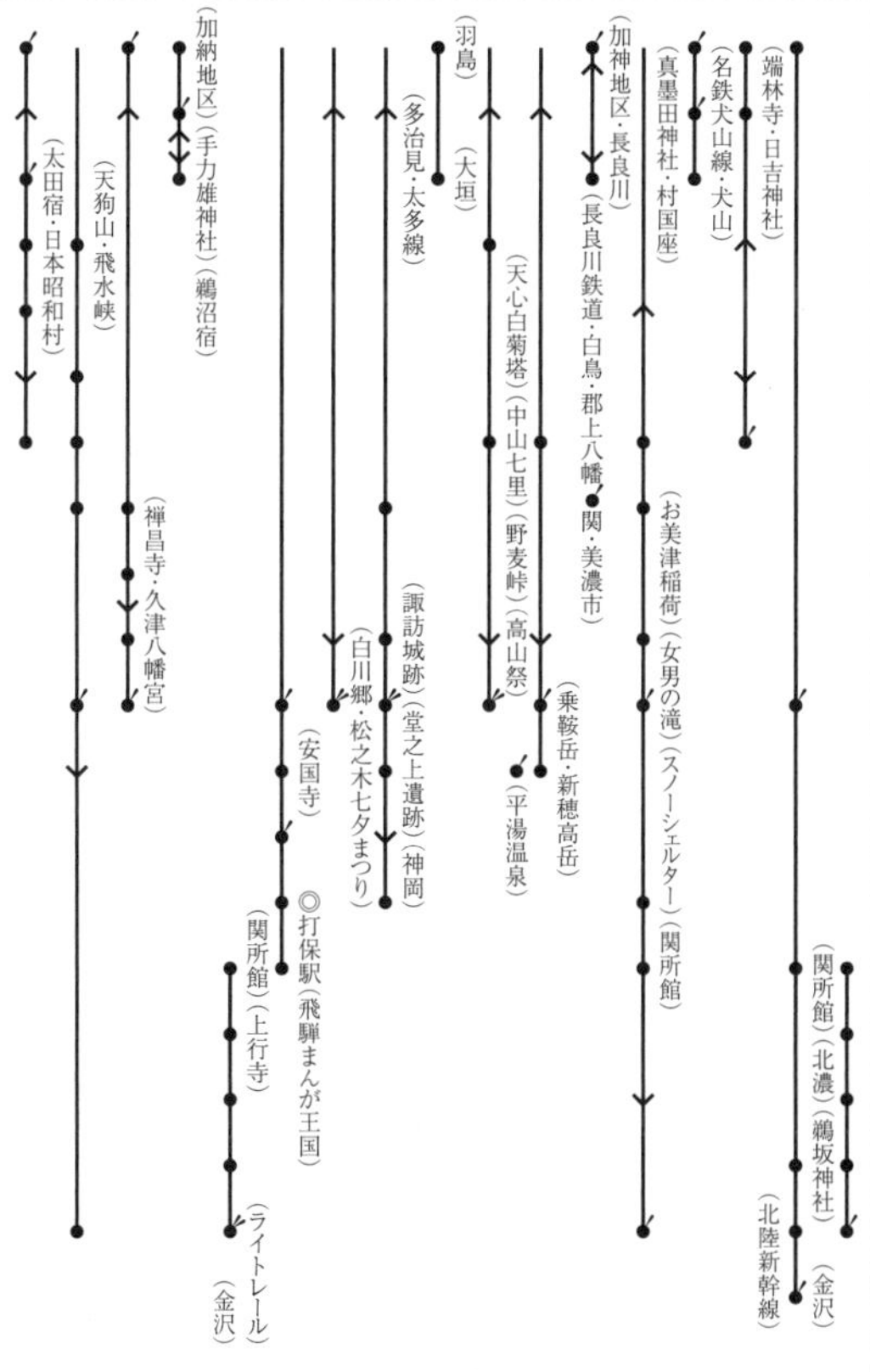

（注）●―●のうち、●は採訪箇所、―は通過箇所、●́は宿泊箇所を示す
　（　）内は、併せて探訪した鉄道路線・箇所を示す

高山線の全駅乗降の方法

高山線の全駅乗降の旅は、次のようにして旅行計画を立て、準備をして実施した。

①計画

乗降の目的とする期間と区間、例えば八月上旬・高山周辺を定め、探訪を要する箇所、鉄道等の時刻表を調べて、具体的な計画を立てる。行程は二泊三日を原則とし、初日の時間を有効に使うため早朝に出発したいので、東京駅や新横浜駅近くのホテルに前夜に宿泊したこともあった。

②乗車券等

乗り降りが自由で、運賃も割引される「割引きっぷ」や「周遊きっぷ」が近年減っているが、ＪＲ東海では「飛騨路フリーきっぷ」（三日間有効）が発売されていたので、できるだけこのきっぷを利用した。さらにジパング倶楽部の割引周遊券の有効期間に合わせて、旅行計画を立てる、「東京―富山―〈高山線〉―岐阜―名古屋―東京」の連続乗車券を活用して概観する、などで、交通費の節減に努めた。

③宿泊

宿泊は、全国展開するホテルの会員になり、会員割引があるホテルを優先したが、廃業したり、施設が古く、サービスも低下したものがあって残念であった。代わりに、良い地元のホテルを発見・利用できたのは収穫だった。

④降車

駅に到着し、列車から降りると、ホーム・駅構内・配線等を調べ、改札口を出て駅舎・駅ビル・駅前広場等を観察し、これらを写真に収め、駅や観光協会等に記念スタンプが置かれていればこれを押した。

⑤探訪

駅が所在する市町村の探訪にかかる。駅から片道二キロ程度以内に名所・史跡等がある場合には徒歩で行った。これは、その土地の風景や空気を知るには、自分の足で歩いて、自分の五感で直接感ずることが必要不可欠と考えるからである。探訪の必要が非常に高い箇所が一〇キロ程度以内にあれば、何箇所かまとめて見るように努めた。路線バスの利用を優先したが、強風・雨天、時間の余裕がない場合、バスの運転間隔が長い場合などには、タクシーを利用したこともある。特に今回の旅では、前述の「飛騨路フリーきっぷ」(一部にはタクシー券付きのものがある)で行く際などにはタクシーを利用させて頂いた。

⑥乗車

目的地の探訪を終えると、列車に乗って、次の駅に移動する。乗る列車は、降りた列車と同一方向に行く後続列車とは限らず、反対方向に行く列車であることも少なくない。周遊きっぷであれば自由乗降区間の利便を活かして、または時刻表を駆使して、上り列車と下り列車を適宜乗り換えて行き来きすることも少なくなかった。

⑦記録整理

宿に着くと、野帳に雑に記していたその日の旅の記録を、時刻表や旅行書の該当ページや余白に整理して記載しておく。これが、後ほどの探訪に役立ち、文章を書く上でも有効であった（図書を汚すことは申し訳ないが）。そして翌日の旅の行程を確認し、修正点・修正策を考えるように努めた。

第1章

岐阜県の旅（一）

——美濃地方——

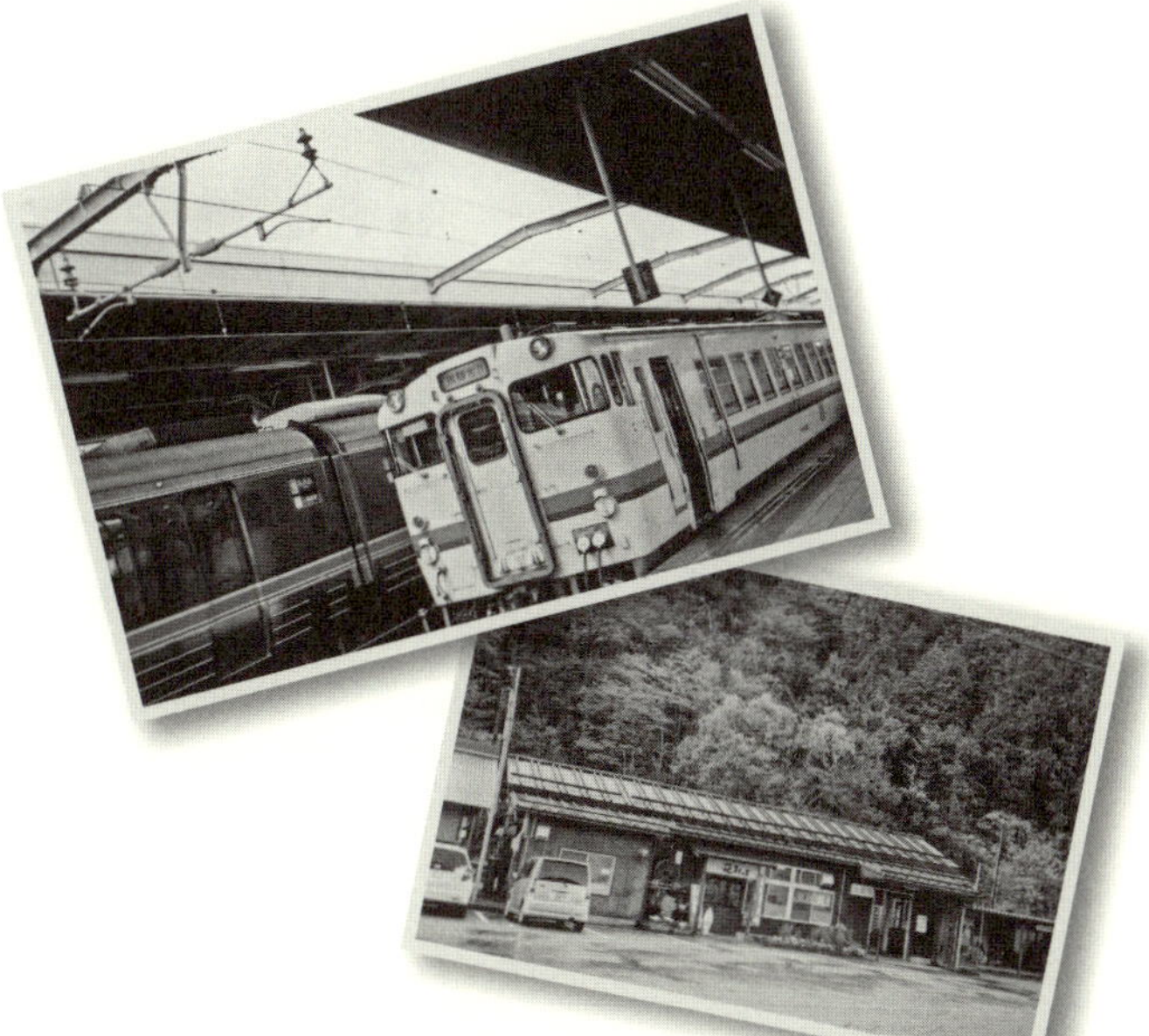

美濃国は、岐阜県の南半分を占める旧国名で、東山道の一つであった。古くは三野・美乃・三乃などと書かれたが、八世紀に美濃に統一された。その由来は、当国が青野・大野・各務野《かがみの》の三つの野原から成り立つことから、三野と呼ばれ、雅字の御野《みの》に代わったとの説がある。

岐阜県内（一）岐阜市

ここからは、本題に戻って、高山線の各駅に乗り降りして、駅の周辺を探訪し、考察することにしたい。今回の旅は『JTB時刻表二〇一四年三月号』によっており、文章は「下り線」で乗降することを原則としている。

「岐阜市内」は、岐阜県の中南部、濃尾《のうび》平野(注1)の北部、長良川(注2)の中流部にあり、県庁所在の都市を指す。

高山線は、岐阜市内を五キロほど東進し、この間に二駅が開設される。東海道線支線として、一九二〇年に高山線で最初に開業した区間である。

岐阜県内のうち美濃地方を走る鉄道路線は、第3図に示すとおりである。

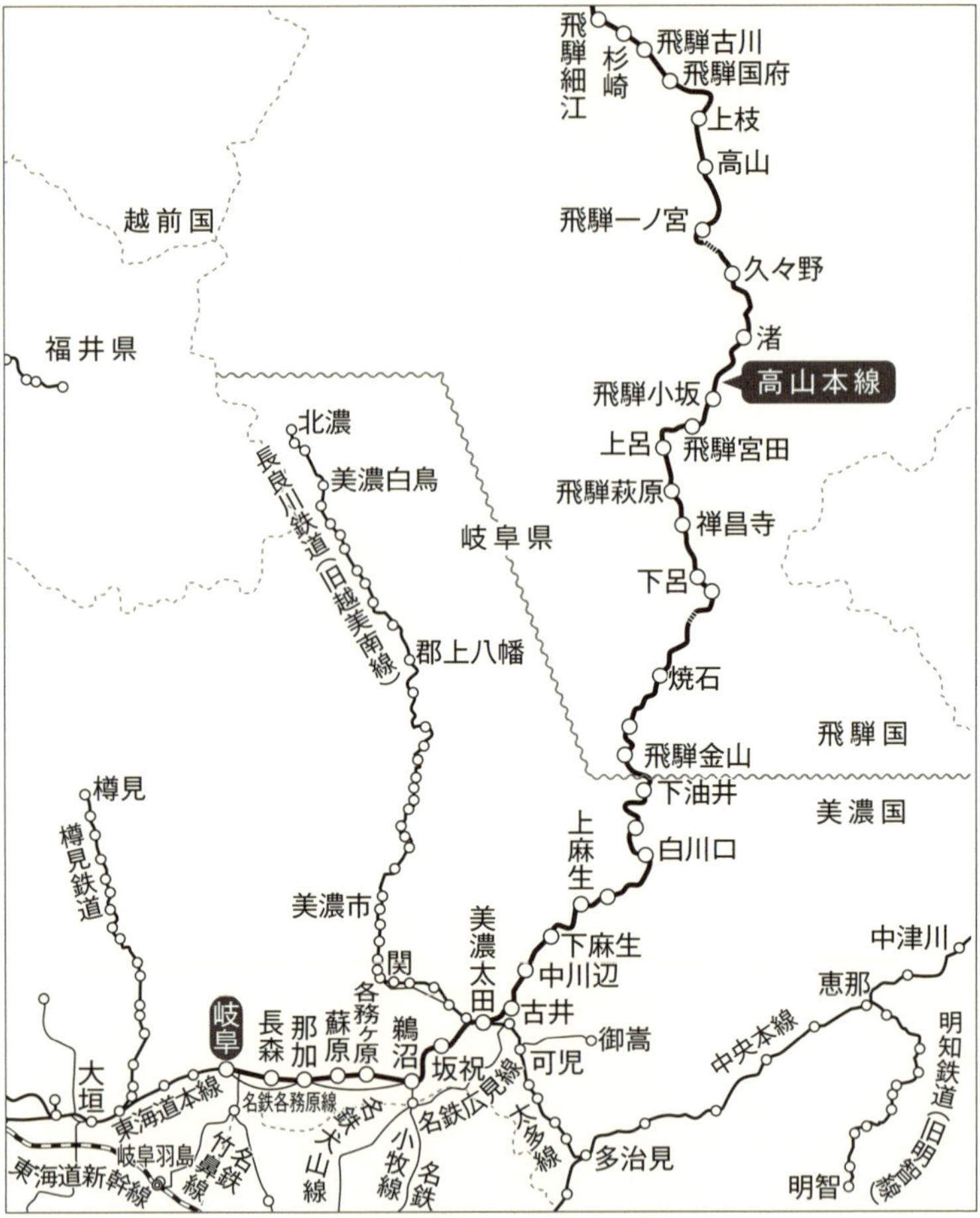

第3図　美濃地方の鉄道路線図

岐阜駅

高山線は、東海道線支線として、一九二〇年一一月一日、岐阜―各務ヶ原間が開業した。高山線の起点の岐阜駅は、東海道線の中間駅（途中駅）として、一八八七年一月二一日、現在の名鉄岐阜駅の東三〇〇メートル付近の岐阜県稲葉《いなば》郡上加納村（現・岐阜市幸ノ《こうの》町《まち》）に、「加納駅」の名称で開設された。これは、当時の加納が、江戸時代の加納城の城下町で、中山道の宿場町として栄えていたことによる。なお、加納の地名は、荘園の付属地として、後から追加して納付された土地を意味するようだ。

一八八九年、長良川・金華山付近を中心に市制が敷かれ、長良川左岸から南に向かって四キロの八間道《はちけんみち》（現・長良橋通り）が建設された。その南端に当たる加納駅は、現在の名鉄岐阜駅交差点付近、西二〇〇メートルほどの位置に移設され、八九年六月に二代目駅舎が開業した。これより先、八八年一二月には、駅名も県庁所在地の市名を採って、「岐阜駅」と改称されている。

二〇世紀になり、旅客・貨物の需要が増え、岐阜駅の拡張が要望された。鉄道院では、前述の駅名変更に対する加納町の反感を宥める必要もあって、東海道線の線路を加納町に近い南側に移設し、新駅を二代目駅舎の南西四〇〇メートル付近（現・岐阜市清田）に、一九一三年七月二一日に三代目駅舎を開設した。この駅舎は、廃止された旧関西鉄道(注3)（現・関西本線）の愛知駅舎を移築したもので、大きな三角屋根の洋館風駅舎は立派で、市民に愛されたという。しかし、この駅舎は、第二次大戦中の四五年七月、米軍による空襲で焼失した。四代目駅舎が四八年に木造二階建てで再建された。次いで、商業施設を駅舎内に設けた民衆駅(注4)の計画を進め、四代目駅舎の西南隣の岐阜市橋本町に、鉄筋コンクリート二階建ての五代目駅舎が建設された。

さらに、岐阜駅を中心に鉄道と道路の立体交差工事(注5)が行われ、九七年三月二日、岐阜駅の三階建て高架駅舎が、六代目駅舎として竣工した。岐阜駅は東海道本線に属し、東京起点三九六・三キロ（正確には三九六キロ二六七メートル）の位置にあり、標高は一一・四メートルある。

岐阜駅は、高架橋を利用してつくられており、最上階の三階は列車ホームとなっている。二階には乗車券の出札口、みどりの窓口、土産物店等があり、中央改札を通って広い階段を上ると、待合室や便所が設けられている。中三階で、さらに一〇段ほど階段を上がって三階のホーム階に出る。二階の北側からは渡り廊下「杜《もり》の架け橋」で、北口駅前広場を跨いで、広場を囲むビル街へと連なる。一階は、タクシー乗り場・バス乗り場に繋がり、乗車券の出札口・土産物店が置かれている。高架下には、名古屋方も大垣方も、複合商業施設「アクティブG」があって飲食店や衣料品店等が並び、生涯学習拠点施設「ハートフルスクエアーG」も開館している。駅一階やアクティブGには喫茶店が一〇店以上あって、朝七時には開店し、名古屋発祥の「モーニング」文化が普及している。朝早くは通勤通学客がパンとコーヒーを急いで飲食してゆくが、九時～一〇時になると、年配者・ご婦人達が集まって、遅めの朝食による社交場になっているようだ。

高架橋の三階にある岐阜駅は、島式（両面式）ホーム三面で、それぞれの両側に線路が敷設されており、三面六線の配線となっている。市役所・繁華街に近い中央北口・長良口の側を一番線とし、南に順次六番線まで付されている。一番線と二番線は東海道本線上り列車、五番線と六番線は東海道本線下り列車、真ん中の三番線と四番線を高山本線の列車が使用する。高山本線の特急列車〈ひだ〉は全て名古屋を始発終着駅としている。下り〈ひだ〉は始発の名古屋を出て、東海道本線を下って四番線に入り、進行方向を逆にして高山方面に向かう。上り〈ひだ〉は高山方から来て三番線に入り、進行方向を逆にして東海道本線を名古屋方に向かう。また、四番線ホームの脇には、高山線の起点を示す起点標「0《ゼロ》キロポスト」（注6）が立つ。

岐阜駅４番線　高山線の起点標と特急〈ひだ〉

岐阜駅のホームの長さについては、東海道線が使用する二面は三五〇メートルほどあって長いが、高山線が使用する一面は、編成車両数が二両程度と少ないこともあって、二〇〇メートル余に短縮されている。ホームの高さについても、東海道線が使用する二面は、電車の床の高さに合わせて一一〇センチとしているが、高山線の一面は、気動車の床の高さに合わせて九二センチで、一八センチも低くなっている。

岐阜駅の乗降客は六万二〇二人で、二〇〇一年の五万五〇〇〇人、一九八三年の二万九〇〇〇人に比べて大幅に増加しており、高山線では断然首位である。東海地方で見ると、名古屋、静岡、浜松、金山《かなやま》に次いで第五位の多さである。岐阜駅の乗降客の大半は東海道線に起因することは、列車の編成車両数で高山線が主として二両であるのに対し、東海道線が四～八両であり、一時間当たりの列車運転本数は、高山線が二～三本であるのに対し、東海道線が八～一〇本で、朝の通勤通学時間帯に大垣方から来て名古屋方に向かう上り列車は一五本に達することからも分かる。高山線では、通勤通学時間帯でもホームは閑散とし、列車の乗車率(注7)も団体客がない限り多くて一〇〇%（満席）程度で、日中では二〇～三〇%程度の時も少なくないが、東海道線ではすさまじい通勤通学風景が見られる。今回の旅で岐阜市内に宿泊した翌朝、この時間帯に岐阜駅に実際に行ってみると、大垣方から来て名古屋方に向かう上り列車は、一三〇%位の乗車率で来て、うち五〇%位が岐阜駅で降り、代わって岐阜駅で新たに多数乗り込んで一五〇～一六〇%位になって出発していく。夕方、一八～一九時ころにも、これとほぼ同様な光景が東海道線下り列車でも展開される。私も十数年前までの四〇年余、通勤生活をしていた経験を思い出した。

こう見ると、岐阜駅は、二〇〇万人県民、四一万人市民の表玄関、県内・市内の生活・観光の拠点であると共に、名古屋の近郊都市として、名古屋に通勤通学する人達の乗降駅・乗り替え駅・途中下車駅と言えよう。

岐阜駅の三、四番線を出発した高山線の下り列車は、岐阜城を左に見ながら、高架上を東に向かい、数個の分岐器で何線か渡り歩いてから、東海道本線の上り線の高架下をくぐって坂を下ってゆき、視界から突然消える。逆に高山線の上り列車はこの坂を上ってきて、東海道本線の上り線と下り線の間に、突然現れる。そして、まるで虫が脱皮する時みたいに、先頭部から徐々にその姿を現すのだった。

注1　**濃尾平野**　岐阜県南部と愛知県、美濃国と尾張国にまたがる沖積平野。木曽川・長良川・揖斐川《いびがわ》の下流域では干拓で水田化され、丘陵の乏水《ぼうすい》地域では愛知用水の開通で営農が改善され、北部・東部地域では野菜、果物の栽培が進み、尾西《びさい》地域では機業が行われている。

注2　**長良川**　岐阜県郡上市北西部の大日ヶ岳《だいにちがたけ》に発して南流し、美濃市・岐阜市・海津《かいづ》市を経て三重県に入り、桑名《くわな》市で揖斐川の河口に合流する、延長一三六キロの河川。上流は山林、下流は水田が発達し、中流の岐阜市の長良橋付近では、「長良川の鵜飼《うかい》」で賑わう。

注3　**旧関西鉄道**　現在の関西本線（名古屋―JR難波《なんば》間一七四・九キロ）や草津線（柘植《つげ》―草津間三六・七キロ）等を一八八九～九五年の間に建設し、営業した鉄道会社で、一九〇七年に国有化された。

注4　**民衆駅**　第二次大戦後、駅舎を復旧する手段として、駅舎等の施設の一部を利用させることを条件に、その建設費の一部を民間に負担させて建設した駅の総称。一九五〇年の豊橋

駅に始まり、今日では、商業施設・宿泊施設・文化施設・公共施設等も入居する大型駅ビルに発展している。

注5 **立体交差工事**　二本の線路または道路が、同じ平面で交差する**平面交差**と対比される言葉で、異なる平面で交差することが立体交差。立体交差では、片方が高架橋や地下道となることが多い。

注6 **起点標**　鉄道路線の起点を示す標識・標柱・標石等を言う。「0」と表示されることから**「0キロポスト」**とも言う。鉄道線路の位置を明示するために設けられた**距離標**の一種。距離標は、木製またはコンクリート製の標柱で、通常一キロ、〇・五キロ、〇・一キロごとに、下り線の線路左側に立てることを原則としている。

注7 **乗車率**　**乗車効率**、**混雑度**とも言い、車両または列車の乗車定員で、実際の乗車人員を除して得た数値に一〇〇を乗じたもの。一〇〇を超す場合は混雑しており、一〇〇未満の場合は空いていることを意味する。乗車定員の計算では、特急用の車両では座席数を、通勤用の車両では座席数に立ち席数（吊り革や支え棒等を利用できる人数……通常、座席数の二倍程度になる）を加えたものが採用される。車両定員は車体に表示されている。

西岐阜駅

西岐阜駅は、東海道本線の中間駅として、一九八六年一一月一日、岐阜市市橋《いちはし》に開設された。岐阜駅の次の駅で、岐阜駅の西三・二キロ、東京起点三九九・五キロに位置する。同時に、西岐阜駅の西一・二キロの同市今嶺《いまみね》に岐阜貨物ターミナル駅も開設された。

両駅が開設されたのは、①一九六六年、岐阜県庁が同市の中央部の司町《つかさ》から西部の薮《やぶ》田《た》南二丁目に移転した、②岐阜駅の高架化（立体交差）により、同駅構内にあった貨物設備を移転する必要に迫られたことによる。

岐阜県庁の移転は、移転後の中央部の都市再開発と、移転先である西部の開発を促した。西岐阜駅から一～一・五キロ圏内には県庁のほか、美術館・科学館・図書館等多くの公共施設が建設され、駅前からは連絡バス「西ぎふ・くるくるバス」が走り、周辺は岐阜市内、広くは東海地方のベッドタウンとして開発が進む。西岐阜駅の乗降客も、一〇年前に比べてほぼ二倍の一万一二〇〇人に増加した。なお、西岐阜駅は島式ホーム一面二線の橋上駅舎で、JR貨物会社への業務委託駅。駅名は岐阜駅の西にあることを意味する。

一方、岐阜貨物ターミナル駅は、岐阜駅の高架化を容易にすると共に、広い駅前広場や処分用地を生み出し、駅周辺の再開発では超高層ビルも建ち、岐阜の町の様相を一変させた。さらに、ターミナル駅の新設は、岐阜県下の東海道本線や高山本線の駅での貨物取り扱いを廃止し、同駅に集中させた。高山本線の場合、これにより岐阜県内の各駅の貨物設備は不要となり、各駅の配線は、相対式ホーム二面二線か島式ホーム一面二線に単純化・簡素化され、Y字型両開き分岐器の採用と相まって、非電化ながら高速運転、輸送力増強を可能にした。

岐阜市

岐阜市は、日本のほぼ真ん中、濃尾平野北部、岐阜県中南部、長良川中流域にある都市で、県庁所在地となっている。東海道や東山道（中山道）が通る美濃国にある岐阜では、古くから人の居住が進み、農耕や文化も発展していたが、政治の舞台に登場するのは一四〜一五世紀（室町時代）になってからである。

まず、土岐《とき》氏が美濃国東部から抬頭して美濃国守護となり、一一代にわたって美濃国を治めたが、応仁の乱以後、国内の下剋上《げこくじょう》で、守護代の斎藤道三《どうざん》が土岐氏を一五四二年に亡ぼし、代わって美濃国を治めた。だが、道三も一五六七年に織田信長によって倒された。信長は、土岐氏・斎藤氏が築いた稲葉山城を本拠地とし、城下の地名を「井ノ口《いのくち》」から「岐阜」に改め、楽市楽座《らくいちらくざ》を設けて商人を集め、城下町の繁栄に努めた。岐阜の地名は、岐山《きざん》を本拠にして天下を平定した中国の故事に因んで、信長が選定したと言う。

岐阜はこのように信長の天下統一の旗上げの地であったが、一五八二年、信長が本能寺の変で討死し、一六〇〇年、関ヶ原の戦いで信長の孫の秀信《ひでのぶ》が西軍についたため、岐阜城（稲葉山城、金華城）は攻め落とされた。その後、徳川家康は、取り壊した岐阜城の資材を利用して、南四キロの地に加納城を築かせた。さらに、江戸幕府は、美濃国六二万石の統治については分割統治策をとり、三万石以下の小藩を多数分立させ、主要部分は幕府または尾張藩の直轄地とした。江戸時代の岐阜は、長良川中流にある河港として、木材・鉱石・紙・米等の交易と商業の都市となり、また、加納も城下町と共に中山道の宿場町の役割を担った。

岐阜城（金華城）

明治維新の廃藩置県では、曲折はあったが、一八七六年、美濃国と飛騨国が合併して岐阜県が成立し、県庁は岐阜県岐阜町司町に置かれた。一八八九年、岐阜市が発足したが、当初の市域は長良川・金華山周辺の狭い範囲に限られていた。岐阜駅が所在する稲葉郡加納町が岐阜市に編入され、市域が南に拡大したのは一九四〇年になってからである。その後、第二次大戦前に一二村、戦後は二〇世紀中に一六町村、二〇〇六年に平成大合併で羽島郡柳津《やないづ》町を編入して、岐阜市の面積は二〇三・九平方キロメートルを擁する。人口はこの一〇年間ほど四二万人前後の横這い状態が続く。

伝統産業としては、提灯・和傘・うちわ・合羽等が今なお生きており、工業出荷額も食料・鉄鋼・プラスチック・紡織等で二五〇〇億円を超える。農業では、柿・栗等の果物、大根・守口《もりぐち》大根・枝豆等の生産も盛んで、農業生産額は一一五億円ほどある。

岐阜は、戦国時代の歴史上の舞台となったことから、それに関連する史跡が多く、緑豊かな金華山や清流の長良川等自然にも恵まれ、鵜飼といった伝統文化もあり、さらには、高山・下呂・白川郷・奥美濃等への出入口ともなることから、観光産業にも大きな役割を果たしている。

さらに、東海地方の中心、名古屋とは三〇キロ・二〇分程度の距離にあることから、東海道本線・名鉄名古屋本線の列車が頻繁に運転され、名古屋の文化、特に食文化の面では大きな影響を受けている。名古屋式モーニングサービスを提供する店や、味噌煮込みうどんの食べられる店が多く見られる。

市街めぐり

◆金華山

岐阜駅の北正面に連なる金華山（稲葉山、標高三二九メートル）の山頂に、白色の天守閣をもつ岐阜城がある。斎藤道三らが建築し、織田信長が一五七六年に安土《あづち》城（滋賀県）に移るまでの一〇年間本拠とした城である。今の城は鉄筋コンクリート製で、一九五六年に再建されたものだ。長良川側からはロープウェイ、市街側からは登山道で登れる。展望台からの三六〇度の眺望は素晴らしく、山・川・岩・町・田畑・森林……等が幾重もの層となって広がる。

金華山の西麓から北麓にかけては岐阜公園が開設されている。信長が居館をかまえ、楽市楽座を開いた跡地で、桜や紅葉の名所でもあり、園内には、歴史博物館・名和《なわ》昆虫博物館等も建つ。一八八二年、自由民権運動の闘士板垣退助《いたがきたいすけ》が刺客によって刺殺され、「板垣死すとも自由は死せず」の名言が発せられた地でもあり、彼の遭難碑が建つ。公園の南西にある正法寺《しょうほうじ》（黄檗《おうばく》宗）は、一六八三年の創建で、本尊の釈迦牟尼仏《しゃかむにぶつ》は岐阜大仏とも呼ばれる。木・竹・粘土の外形に経文を貼り、漆と金箔で塗り固められた仏像だ。

公園の南にある伊奈波《いなば》神社は、美濃国三の宮として、織田氏・尾張徳川氏等に仰がれた。広い境内には桜の木が多く、四月上旬の岐阜祭のころは、夜桜の見物客で賑わう。粕森公園の山ふところにある瑞龍寺《ずいりょうじ》（臨済宗）は、一四六七年、守護代の斎藤氏が守護の土岐氏のために建立開山した寺で、名僧が多数輩出し、濃尾地方の禅宗の中心となった。

◆川原町

金華山の北、長良橋から下流の長良川の左（南）岸に続く町並みは川原町《かわらまち》と呼ばれ、かつては長良川の河港で、長良川鵜飼の発祥地であり、今も歴史と文化を伝える町屋《まちや》通りである。鵜飼とは、専門職の鵜匠《うしょう》が鳥の鵜を使って魚（長良川では鮎《あゆ》）を捕まえる漁法で、一三〇〇年以上の伝統がある。捕えた鮎の塩焼き等種々の鮎料理を提供する川魚料理屋、長良川の若鮎を象《かたど》った岐阜銘菓の和菓子屋等が並ぶ。コンクリート造りに建て替えたものもあるが、川原町の商家の建物の多くは今なお、格子窓・白壁・土蔵・中庭等をもつ町屋造りである。

鵜飼は宮中行事であったので、鵜匠は国家公務員で、宮内庁式部職の職員とされる。対岸の長良川右岸には、「長良川うかいミュージアム」があって、鵜飼の歴史や魅力を映像・音響を通じて伝えてくれる。近くには、信長親子の位牌を安置する崇福寺《そうふくじ》もある。

◆柳ヶ瀬

長良橋の南二・五キロ、岐阜駅の北一キロ付近に広がる繁華街が、柳ヶ瀬《やながせ》である。第二次大戦後、焼野原に古着の露天商が集まって既製服問屋の市場ができ、縫製加工業者・衣

岐阜シティ・タワー43の43Fから見た岐阜駅

類雑貨商等、さらには飲食店・旅館等も加わって賑やかな柳ヶ瀬商店街が形成されたと言う。私も一九六〇年代に行った時には盛況で、品物の多さと安さ、そして活気に圧倒された記憶がある。既製服製造は岐阜市の代表産業に成長しており、柳ヶ瀬は今なお当時の面影を残す商店街となっており、近くに超高層ビルの「岐阜スカイウイング37」も建設された。

岐阜駅まで戻ると、北口広場に黄金の織田信長公像が建つ。市制一二〇周年を記念して二〇〇九年に建てられたもので、高さ八メートルの台座に身長三メートルの信長公像が建つ。マントを羽織り、洋式の銃と兜を持つ姿はりりしく、人目をひく。

駅の西三〇〇メートルの橋本町には、都市再開発事業で「岐阜シティ・タワー43」が建てられた。高さ一六三メートルの超高層ビルで、事務所や飲食店、そして住宅が多数入っている。最上階の展望室では濃尾平野を一望し、直下に岐阜駅の姿を見下ろすこともできる。

◆加納地区

岐阜駅の高架橋をくぐって国道157号線を南に一・二キロ、国道21号線との交接点近くにある加納公園は、加納城跡だ。加納城は、前述のように、岐阜城の古材を使って築かれた平城《ひらじろ》である。尾張（名古屋）と美濃（岐阜）を結ぶ要衝として、当初は徳川家康の娘婿奥平信昌が一〇万石で封じられたが、その後、名古屋城の完成と大垣城の充実で加納城の地位は低下し、幕末には三万二〇〇〇石に減少している。加納は城下町として、また中山道の宿場町（加納宿）として、江戸時代を通じて賑わった。往時の建物は戦災で焼失したが、宿場の延長は二キロを超え、当時の宿場の様子が分かるように、道は九〇度に度々曲がり、この屈折点ごとに社寺等の建物を復元し、石碑や看板を建てるなどしている。

長森

長森駅

岐阜駅の三、四番線を出発した高山本線の列車は、東海道本線の上下線の間の坂を下って地平に降りる。名鉄名古屋本線(注8)の下をくぐり、平坦な濃尾平野を東南東に向かって直進する。岐阜駅から二・五キロ付近で、名鉄各務原線（九〇ページ）が北西から来て高山本線を跨いで南側に出て、県道181号線（旧中山道を継承）と共に、高山本線と並行して進み、四・二キロで長森《ながもり》駅に着く。

長森駅は、高山線の最初の開業区間（岐阜―各務ヶ原間一三・二キロ）の中間駅として、一九二〇年一一月一日、稲葉郡南長森村蔵前（現・岐阜市蔵前二丁目）に開設された。周辺には田畑も残っているが、近年、高校・住宅等が増えてきた。相対式ホーム二面二線の無人駅で、南側の上りホームに設けられた駅舎はコンクリート製の平屋で、一〇人も入れば一杯になる簡素なものであったが、北側の下りホームにも出入口が設けられた。そして、二〇〇九年からは、ICカード（TOICA《トイカ》、Suica《スイカ》等）の利用が可能な簡易型改札機が導入され、近距離区間の乗車券は自動で購入できるようになった。その効果か、乗降客は七八〇人程度で微増傾向を続ける。

長森駅では、高山線の他の駅と同様に、駅構内の出入口にはY字型両開き分岐器が配置され、通過・行き違い・待避の便宜が図られている（四三ページの注15）。

駅名の長森は所在の村名に由来するが、長森は、同駅の北二キロの琴塚《ことづか》古墳付近から東に一〇キロほど連なる標高二〇〇～三〇〇メートルの緑豊かな丘陵地帯を指すと言う。古代には長森荘が置かれ、長森城も築かれていたとのことだ。
長森駅の南六〇〇メートル、名鉄手力《てぢから》駅の南三〇〇メートル、国道21号線（注9）近くの岐阜市蔵前六丁目にも、手力雄《てぢからお》神社が鎮座する。手力雄神を祭神として、武運や豊作の神様として広く崇められる。また、毎年四月の第二土曜日に当神社に奉納される手力の火祭は、花火を中心に乱舞する勇壮な祭で知られる。

注8　名鉄名古屋本線　名古屋鉄道会社（以下『名鉄』と略す）は、名古屋・濃尾平野・西三河地方で広く鉄道路線網を持つ民営鉄道会社である。名古屋本線は東海道本線豊橋─名古屋─名鉄岐阜駅（東海道本線岐阜駅の北三〇〇メートル）間九九・八キロを結ぶ狭軌・複線・電化で、名鉄の最重要路線である。一九一四〜四四年ごろに順次開業され、同区間では東海道本線と競争関係にある。

注9　国道21号線　瑞浪《みずなみ》市（岐阜県）─米原市（滋賀県）間の国道で、おおむね中山道を踏襲している。岐阜─美濃太田間では、高山本線とおおむね並行している。

岐阜県内（二）各務原市

各務原市は、岐阜県中南部、木曽川(注1)下流域北岸に位置し、濃尾平野から各務ヶ原の低い丘陵にかかる地域である。

高山線は、岐阜市を出て各務原市に入る付近から緩やかな上り勾配にかかる。市内一五キロの間で標高は四〇メートルほど上って五〇メートルになる。国道21号線（中山道）・名鉄各務原線と並行して、住宅や工場が混在する田園地帯を東にほぼ直進する。

市内には、現在、四駅が開設されており、そのうち各務原までの区間は、一九二〇年、高山線で最初に開業した区間である。

那加

那加駅

那加駅前の踏切と名鉄新那加駅

長森駅を出た高山本線は、東進一キロほどで、岐阜市を出て各務原市に入り、東海北陸自動車道(注2)に跨がれると一〇‰の上り勾配にかかる。長森駅から三・〇キロの駅間距離で那加《なか》駅に着く。

那加駅は、高山線開業初日の一九二〇年一一月一日、稲葉郡那加村新加納（現・各務原市那加本町）に開設された。相対式ホーム二面二線の無人駅である。周辺は岐阜・名古屋への通勤者の住宅開発が進むので、乗降客は二一三〇人程度と増加傾向にあるが、並行する名鉄各務原線に比べて少ない。

駅舎は鉄筋コンクリート製、障壁なしの身障者用スロープ付きで、白亜の簡素な建物に近年改築された。狭い駅前広場を挟んで、名鉄の新那加駅と踏切があり、距離は五〇メートル程度と近接している。

那加の地名は、古くは当地が三野（美濃）国各務郡中里《なかさと》にあったことから、同音の「那加」の字を当てたとする説がある。

◆日吉神社

那加駅の西一・二キロの新加納地区にある少林寺《しょうりんじ》（臨済宗）は、学問僧で多くの寺を再興開山したことで知られる東陽英朝《とうようえいちょう》が一四九九年に開いた寺である。近くには中山道の間宿《あいのじゅく》（注3）の新加納宿があり、宿の名は地名として今も残っている。近くの日吉《ひよし》神社では、境内や周辺の瓢箪池に蛙が沢山棲みついていたので、当神社の社殿の前に、狛犬《こまいぬ》と並べて、一対の蛙の石像が据え置かれている。まさに狛蛙《こまがえる》で、面白い光景だ。

◆手力雄神社

那加駅の北西二キロの那加手力町にも手力雄神社がある。手力雄命《みこと》を祭神とし、六世紀末の創建で、古くから那加地方の総氏神として崇敬される。織田信長が、岐阜城攻めの際、社領を寄進し、戦勝祈願をしたと言う。今日でも勝運・開運の神様として、スポーツ関係者の必勝祈願、受験生の合格祈願等の参拝者で賑わっている。

◆御井神社

那加駅の南二キロの三井町《みいちょう》にある御井《みい》神社は、合併前の稲羽《いなは》村の氏神として崇敬されている。御井神社の背後にある三井山では古墳が発掘されている。さらに南五キロ、木曽川を川島大橋で南（左）岸に渡って、旧川島町に入ると、内藤記念くすり博物館がある。エーザイの創業者内藤豊次が薬の資料館として開設したもので、薬や医学の歴史、健康についての資料が豊富で、広い薬草園もある。

那加駅を出た高山線は、一〇‰勾配で東に上り続ける。六〇〇メートルほどで二一メートルの短い橋を渡る。この川が新境川《しんさかいがわ》で、両岸の堤防には一二〇〇本の桜並木がある。今回の探訪で四月九日の夕方に行った時は満開で、薄明かりがついたようだった。地元出身の歌舞伎役者・市川百十郎《ひゃくじゅうろう》に因んで「百十郎桜」と愛称される。

注1　木曽川　長野県の鉢盛山《はちもりやま》に発し、木曽谷の峡谷をつくり、美濃高原を蛇行しながら、支流を集めてから美濃加茂市で飛騨川と合流し、犬山辺で濃尾平野に入り伊勢湾に注ぐ、延長二〇九キロの河川。農業用水・工業用水・水力発電・観光資源（飛騨木曽川国定公園・日本ライン）として多用される。

注2　東海北陸自動車道　東海と北陸を結ぶ高速自動車道の一つで、愛知県一宮を起点、富山県小矢部《おやべ》を終点とし、延長は一八四・八キロある。一九八五年以降順次開通し、二〇〇七年の飛騨トンネル（延長一〇・七キロ）の貫通で全通した。一宮で名神高速道路、美濃関で東海環状自動車道、小矢部砺波《となみ》で北陸自動車道と能越《のうえつ》自動車道と接続する。この東海北陸自動車道を利用して、名古屋または岐阜から高山または富山とを繋ぐ長距離バスが運行され、高山本線との競合、競争が厳しさを増している。

注3　間宿　江戸時代、街道の正規の宿駅間の途中に設けられた宿場で、主として旅人の休憩に用いられた。中山道の場合、加納―鵜沼の宿場間の距離が四里半（約一八キロ）あって遠いので、間宿が設けられた。

蘇原

蘇原駅

那加駅を出ても、三〜一〇‰の上り勾配で東に直進する。飛行場の管制塔や照明設備が南（右手）に近づくと蘇原《そはら》駅である。駅間距離は三・二キロ、標高は四一・六メートルと

なる。

飛行場は明治以来、旧陸軍の大砲演習場・飛行場として利用され、戦後は米軍飛行場として使用されたが、今は航空自衛隊の岐阜基地として使われており、一部は川崎航空機の工場（現・川崎重工業航空宇宙カンパニー）となっている。毎年一〇月下旬に開催される航空祭は、航空ファンの人気を集める。

蘇原駅は、高山線全線開業後の一九四二年六月一日、稲葉郡蘇原村三柿野《みかきの》（現・各務原市蘇原端雲町《そはらずいうんちょう》一丁目）に、飛行場用の資材・燃料・要員等を輸送するために開設された。かつては何本も側線があったが、今は整理されて二面三線式となっている。北側の一番線は下り普通列車、南側の三番線は上り普通列車が停車し、特急列車は上り・下りとも、減速することなく時速一一〇キロで、中央の二番線を通過する。

乗降客は一八〇〇人程度で、増加傾向にある。無人駅だが、高山本線岐阜—美濃太田間の八駅には近距離用の自動改札機（ＴＯＩＣＡ）が設置されている。駅舎は、木造からコンクリート製平屋に改築され、出入口には半円形の細い屋根が張り出している。北背後には川崎航空機の大きな工場建屋がそびえている。駅前広場はかなり広いが、自動車であふれていた。

なお、駅名は所在する村名の蘇原に由来するが、蘇原は麻原や洲原から転じたとする説がある。砂洲や原野が蘇生して優れた農地になったことを指すのだろうか。

◆薬師寺

駅の西二〇〇メートルの線路近くには、高さが六メートル以上ある石碑が建つ。この石碑は、蘇原駅開設記念碑で、当時の町長名で、蘇原駅開設の喜びが刻まれている。また、駅の北西一・五キロの那加雄飛ヶ丘《なかゆうひがおか》にはぜんぜ薬師《やくし》の名で親しまれる薬師寺（法相宗）がある。この寺は、第二次大戦中の川崎航空機の修練道場の建物で、ご本尊の薬師如来坐像は奈良薬師寺から遷下されたと言われ、重量感のある仏像だ。

各務原航空基地の南側の下切町《しもぎりちょう》にある「かがみがはら航空宇宙科学博物館」は、国内最大規模の航空博物館で、戦前・戦後の国産飛行機の現物や資料を収集展示している。

◆山田寺

蘇原駅から北三キロの蘇原寺島町にある山田寺跡《さんでんじ》（県史跡）は、六四九年に右大臣蘇我倉山田石川麻呂《そがのくらやまだのいしかわまろ》の建立と伝えられる。同寺の礎石や瓦は付近から広く出土しているが、現在の山田寺（臨済宗）や無染寺《むぜんじ》（同）にも使用されていることから、七世紀後半には、この付近に大きな寺院があったと推定されている。

さらに一キロ北の蘇原古市場町《そはらふるいちばちょう》にある加佐美《かさみ》神社は、蘇原の総氏神で、加佐美大神・

応神天皇・右大臣蘇我倉山田石川麻呂公を祭神とし、七世紀に建立された。本殿・拝殿等の建造物は、各務原市内では特に立派で、国の文化財に指定される。

各務原

各務ヶ原駅

蘇原駅を出た高山線は、右（南）手に飛行場・木曽川・愛知県側を望み、左（北）手に畑地や里山の奥に各務山（標高一七〇メートル）を眺めながら、国道21号線と並行して東に進む。二・五～一〇‰の上り勾配を二・八キロ続けて各務ヶ原駅に着く。標高は五一・五メートルに達する。

各務ヶ原駅は、高山線の第一次開業の終点駅として、一九二〇年一一月一日、稲葉郡各務村各務（現・各務原市鵜沼各務原町）に開設された。相対式ホーム二面二線の無人駅である。乗降客は八〇〇人程度で、横這い状態だ。

駅舎は、国道21号線と近いことから、一九六九年の無人駅化の際、駅舎と共に多目的に使用可能な部屋を合築した。この部屋は、レストランやコンビニとして利用されたこともあるようだが、その後は二〇年以上空き家になっているとのことだ。

市名は「かかみがはら」だが、駅名は「かがみがはら」としている事由は判然としないが、往時から、木曽川以北で、蘇原以東・鵜沼以西に展開する原野を各務野《かかみの》・各務原《かがみはら》・各《か》務《がみ》ヶ原《がはら》等と呼称している。「カカ」とは水利に乏しい砂地・草地・未開地等を指すとされる。各務原の土地改良・開拓が進み、耕地として利用できるような土地になったのは一九世紀以降なので、この地名も首肯《うなず》ける。また、鏡のように平らな原野を意味するとの説もある。

◆炉畑遺跡

各務ヶ原駅から南二・五キロ、飛行場の東脇の鵜沼三ツ池町に炉畑《ろばた》遺跡がある。縄文時代の石器や土器が多数出土している貴重な史跡だ。縄文時代の竪穴式住居五基を復元するなどして、炉畑遺跡公園として整備されていて、見応えがある。公園内には、一八七一年建築の旧桜井家住宅があり、美濃地方の古い農家の建築様式を伝えている。

◆村国神社・村国座

各務ヶ原駅から北二キロにある苧ヶ瀬《おがせ》池は、農業用水池として築造され、観光地としても賑わっている。伝説の八大龍王《はちだいりゅうおう》が棲むとされる池で、社殿も池の中に建つ。苧ヶ瀬池から一・五キロほど北に村国《むらくに》神社が大きな叢林の中に鎮座する。天《あまの》火《ほ》明命《あかりのみこと》・村国連《むらくにのむらじ》男依命《およりのみこと》・白山権現を祭神として六世紀（飛鳥時代）に建立され、各務地方の総氏神として崇敬される。

村国神社の境内には、農村歌舞伎の舞台として活用される村国座が建つ。一八七七年に建設され、二二メートル×一二メートルの回り舞台と花道、二階には桟敷席もあって六〇〇人収容の客席を設け、通風・採光にも工夫が施されており、国の重要有形民俗文化財にも指定される。

鵜沼

鵜沼駅

各務ヶ原駅を出た高山線は、東に向かって五‰程度で上り続ける。六〇〇メートルほど進んで、国道21号線に左（北）に跨がれて、残った名鉄各務原線と並行する。一・五キロほど行ったところで標高六〇メートル程度の頂上に達してから下りに転じ、木曽川に向かって下る。この辺に来ると、濃尾平野を出て、各務原の丘陵や台地に入った感じがする。春には青葉、秋にはすすきが車窓近くで波打つようであった。九‰程度で下ること二キロ余、右前方に犬山城が見えると鵜沼駅に着く。駅間距離は四・一キロ、標高は四八・六メートルとなる。

鵜沼駅は、一九二一年一一月一二日、高山線各務ヶ原—美濃太田間延伸（第一次）の中間駅として、稲葉郡鵜沼村小森（現・各務原市鵜沼山崎町三丁目）に開設された。二面三線式ホームの業務委託駅である。普通列車の全部、特急列車のうち下り四本・上り三本が停車する。乗降客は二四〇〇人ほどある。

鵜沼駅で接続する鉄道路線としては、名鉄の各務原線と犬山線（後述）があり、その新鵜沼駅が南の木曽川寄りに隣接してある。鵜沼駅・新鵜沼駅とも橋上駅舎で、両駅舎は、距離が二〇〇メートル位あろうか、鵜沼空中歩道で繋がっている。

駅名は所在する町名の鵜沼に由来するが、鵜沼は鵜が棲む沼を指すようだ。

周辺めぐり

◆鵜沼宿

鵜沼駅北口から駅前ロータリーを北に抜けて国道21号線を西に一キロほど行くと、中山道鵜沼宿に着く。江戸日本橋から数えて五二番目の宿場で、木曽川北岸に東西五〇〇メートルにわたっており、太田宿と加納宿の間にある。宿内の道路は舗装されているが、脇本陣が復元され、町屋館等も建設されて、昔の宿場の景観が再現されている。

また、鵜沼羽場《はば》町の津島神社には、農村舞台（各務舞台）の皆楽座《かいらくざ》がある。近くの坊《ぼう》の塚《つか》古墳は、全長一二〇メートルの前方後円墳で、幅一五メートルの濠をめぐらしており、大きさに圧倒される。

この古墳で北に折れて山道に入り、三キロで大安寺《だいあんじ》（臨済宗）に着く。美濃国守護であった土岐氏が一四一一年に創建した寺で、うっそうとした杉木立に囲まれて、斜面に本堂等が並ぶ大きな寺である。

◆村国真墨田神社

鵜沼駅の西三〇〇メートル、高山線の線路ぎわの鵜沼山崎町にある村国《むらくに》真墨田《ますみた》神社は、七世紀ころ、当地の豪族村国氏が、金山彦命《かなやまひこのみこと》と天火明命を合祀して創建し、その後、村国氏の当主村国男依《むらくにのおより》も合祀した。鵜沼地区の総氏神として崇敬を集める。

中山道鵜沼宿

各務原市内の神社のうち、本書で記した神社は、各務原地方で格の高い神社（金幣社《こんぺいしゃ》と言う）に列せられている。金幣社に共通する点としては、歴史が古く、優れた神や人物を祭神とし、境内が広く、本殿・拝殿等の建造物が大きくて立派であり、国宝・文化財等を有する、などがある。

さらに調べてみると、金幣社では①境内に小さな宮《みや》が沢山集まっていること、②境内の隅等に氏名や地名を記した石や板が建てられていること、が他の一般の神社に比べて多いことに気づいた。前者①は、境内宮《けいだいぐう》または境内社《けいだいしゃ》と呼ばれるものであろう。この社に祀られているのは神であるが、当社の祭神とは別系統、または広く伝播している神なので、当社の本殿には入れられず、境内に簡素な神社様式の建物を置いたものと考えられる。

これに対して後者②は、祀るものが神になっていない、または神として認められていないものであり、神社様式の建物がなく、簡単な笠はつけるが野天に置かれているもので、祠《ほこら》と言われるものではなかろうか。今回、私が見た範囲では、祀る対象には、神・命・尊等神を示すものはなく、人名や地名のままであった。森・木・石等自然物を対象としているものもある。例えば、樹齢何百年という大木を祀る対象とし、木にはしめ縄（標縄・注連縄・七五三縄）を張り、その木の下に石柱を置いて、それに水を供えているものがあった。氏族・原始・自然・民族信仰の原型を見る感じで、私にとっては興味深いものであった。

各務原市

各務原市は、岐阜県南部、濃尾平野北部、木曽川北岸の各務ヶ原にあって、岐阜市に隣接し、名古屋市から三〇キロ圏に位置する。一九六三年四月一日、稲葉郡蘇原・那加・稲羽・各務・鵜沼の五町村が合併して各務原市が成立し、二〇〇四年一一月一日、羽島郡川島町を編入した。市域の面積は八七・八一平方キロメートルで、うち可住地の面積が六九平方キロメートルを占め（七九％）、その割合が高い。

市域の大半は洪積台地で、水利が悪く農地としては開発が遅れていたが、蘇原地区は一八七〇年代から軍用地とし利用され、大砲訓練場・飛行場となり、現在は航空自衛隊の岐阜基地となっている。関連して航空機・自動車等の輸送機器工場が進出し、製造品出荷額は七〇〇〇億円前後に達し、県内最大の工業都市だ。岐阜市や名古屋市の通勤圏に入ることから、住宅開発が進み、人口も、年率〇・二％で増加を続け、一四万五〇〇〇人を超え、県内三位の都市となった。

各務原市の名産としては、近年、各務原キムチが注目される。これは、韓国の春川（チュンチョン）市との姉妹都市の提携を機に誕生した食品で、各務原特産のニンジンと春川特産の松の実を使用している。

名鉄各務原線

名鉄各務原線は、「名鉄」が運行する民営鉄道路線で、名鉄岐阜（名鉄名古屋本線）―新鵜沼（同犬山線）間一七・六キロを結び、狭軌・電化である。一九二六～二七年、各務原鉄道として開業し、三五年、名岐鉄道を経て、同年名古屋鉄道に統合された。

名鉄各務原線は、経路が高山本線岐阜―鵜沼間の経路とほぼ並行して西から東に進んでおり、距離（営業キロ）も高山本線の同区間の一七・三キロと大差ない。同区間の駅数は高山本線の六駅に対して、名鉄各務原線は一八駅もある。そのため、駅間距離の平均は高山本線が三・四六キロに対し、名鉄各務原線は一・〇三キロの短さだ。運転本数は原則として、高山本線が一時間当たり普通列車二本であるのに対し、各務原線は急行、普通合わせて四本ある。所要時間は、高山本線が二二～二七分であるのに対し、各務原線は二一～三一分である。運賃は、高山本線が地方交通線扱いで三二〇円であるのに対し、各務原線は民営鉄道線として四五〇円となっている。

犬山

犬山市

鵜沼駅で高山本線を降り、鵜沼空中歩道で名鉄新鵜沼駅の南口に出ると、眼前に木曽川が悠然と流れ、対岸には犬山城がそびえる光景が展開する。鉄道橋（名鉄犬山線(注4)）と道路橋（県道）が並列する「ツインブリッジ」（延長二〇〇メートル）で木曽川を対（左）岸に渡り、愛知県犬山市に入る。

犬山市は、一九五四年、犬山町と近隣の四村が合併して市制を施行し、市域の面積は七五平方キロメートルほどある。愛知県西北部、濃尾平野北東部、木曽川下流部南岸に所在する都市だ。犬山城・日本ライン・明治村等観光資源が豊富で、文化・歴史に恵まれ、飛騨木曽川国定公園にも指定される。名古屋まで二五～三〇キロ圏にあって、名鉄犬山線で名古屋駅まで三〇～四〇分程度で行け、地域環境も優れているので、近年、住宅開発が進み、人口は七万五〇〇〇人を超える。一九〇〇年代初めまでは桑畑を基礎にして製糸・紡績工業が盛んであったが、一九六〇～七〇年代の工場誘致により製紙・食品・電気機器等の工業が伸びて、製造品出荷額も四一〇〇億円を超す。

犬山という地名は古くからあったが、その発祥については、①当地が大昔から犬を用いて狩りをするのに最適な場所、②大縣《おおあがた》神社の戌亥《いぬい》（北西）の方向に当地があること、③丹羽郡小野郷にある小野山《おのやま》から転じた、などの諸説ある。

市内めぐり

◆犬山城

犬山の市街をめぐり、まず第一に見るものといえば犬山城である。犬山城は、木曽川べりの小高い丘にそびえる三層四階建ての平山城で、日本最古の天守閣をもっている。四階からは木曽川の清流、犬山の城下町、対岸の鵜沼の里、上流の峡谷等を一望できる。この眺望の素晴らしさを、唐の詩人李白の詩になぞらえて「白帝城」とも呼ぶ。この城名は江戸時代の儒学者荻生徂徠《おぎゅうそらい》が命名した。犬山城は、一五三七年、織田信康《のぶやす》（信長の叔父）が築城し、城主は何代も入れ替わったが、一六一七年、成瀬正成《なるせまさなり》（尾張徳川家家老）が三万五〇〇〇石の城主となり、幕末まで、九代二五〇年にわたって受け継がれた。

明治維新で犬山城は廃城となり、天守閣を除いて取り壊され、公園となった。一八九一年の濃尾震災では天守閣は大きな被害を受けたが、修復を条件に県から成瀬氏に譲渡される。その後、個人所有の城として有名であったが、一九三五年、国宝に指定された犬山城を守るため、二〇〇四年、公益財団法人犬山城白帝文庫歴史文化館の所有とし、犬山市が管理している。

◆日本ライン

江戸時代の犬山は、上流の木曽谷（注5）で伐採したヒノキの丸太を筏《いかだ》に組んで木曽川を流してきて、これを組み替えて、下流の名古屋郊外の熱田《あつた》の木場《きば》（注6）に送る中継港の役割を果たしていた。さらに、岐阜県美濃太田（一〇〇ページ）から愛知県犬山までの約一三キロの木曽川沿いは「日本ライン」と呼ばれる。切り立った岩壁、深い渓谷、奇岩怪石が連続する中を木曽川の清流が水しぶきを上げて流れる光景は、ドイツのライン川に似ていることから、明治時代の地理学者志賀《しが》重昂《しげたか》が日本ラインと命名した。

◆明治村

名鉄犬山駅の南東六キロにある博物館明治村は、一九六五年に開設され、一〇〇万平方メートルの敷地に、明治時代の建造物や歴史・民俗資料等が当時の姿のまま保存されている。日本の各地にあった役所・銀行・郵便局・学校等の建物六〇余棟が移築され、蒸気機関車・市電・自動車等も集まり、鳥鍋店や喫茶店も出ている。私は、これまで急いで一日で回ってしまったが、明治時代を偲びつつ、数日かけてユックリと見学したい、充実した博物館と言えよう。

注4　名鉄犬山線　名鉄が運行する民営鉄道路線で、名鉄名古屋―新鵜沼間二六・八キロを結び、狭軌・複線・電化である。一九一二～二六年の間に名古屋電気鉄道として開業し、その後、名古屋鉄道（旧）、名岐鉄道を経て、三五年に名古屋鉄道に統合された。住宅開発が進み、人口増加が著しい岩倉市・江南市・犬山市等を通過し、乗降客が三万人を超す大きな駅が並ぶので、立体交差・橋上駅舎等駅施設の改良も進む。また、九三年、犬山線上《かみ》小田井《おたい》駅で、名鉄豊田線及び名古屋市営地下鉄鶴舞《つるまい》線との相互直通運転が開始され、犬山線は名古屋交通圏の大動脈を担うようになった。

注5　木曽谷　信濃国木曽（長野県）南西部、木曽川上流の渓谷の総称。木曽・飛騨の両山脈に挟まれ、古来、その中を中山道（現・国道21号線）が南から北に通過する。地域の八割が、標高三五〇～三〇〇〇メートルの山岳地帯で、ヒノキ・サワラ等の針葉樹の森林からなる。稲作はできないので、森林を育成し、良質の木材を産出する林業が主要な産業である。

注6　木場　木場とは、①材木を蓄えておく場所、②材木商が集まっている地域を言う。加えて、材木市が開かれ、製材業者や木材加工業者も集まっている。中でも東京の深川《ふかがわ》木場や名古屋の熱田（白鳥《しらとり》）木場は代表的なもので、いずれも活況を呈している。

岐阜県内（三）加茂郡と美濃加茂市

　加茂郡と美濃加茂市は、岐阜県南東部、木曽川の下流部北部、及び、木曽川支流の飛騨川(注1)の中下流域を占める地方である。行政区画としては、美濃加茂市を中心に、加茂郡所属の七町村を対象とする。

　高山本線は、鵜沼駅を出て坂祝町《さかほぎちょう》にかかると、木曽川・国道21号線と共に北東に向きを変え、美濃太田駅まで進む。同駅を出て間もなく、北に向きを変え、木曽川・国道21号線と分かれ、飛騨川・国道41号線（飛騨街道(注2)）と共に山岳路線に入り、一〇‰の上り勾配で北進を続ける。起点から六四・五キロ付近までの約四四キロの区間が加茂地方となり、八駅が開設される。この区間は、一九二一～二八年の間に開業した。

坂祝

坂祝駅

鵜沼駅を出た高山本線は、木曽川に沿ってR600で左に回り、日本ラインを右下に見ながら、北東に向かって緩やかに上る。短いトンネルを抜けると各務原市を出て坂祝町に入り、再び東向きになって坂祝《さかほぎ》駅に着く。

坂祝駅は、一九二一年一一月一二日、各務ヶ原―美濃太田間延伸の中間駅として、加茂郡坂祝村取組《とりくみ》（現・坂祝町取組）に開設された。相対式ホーム二面二線の無人駅となり、乗降客は九〇〇人程度で微減傾向を続ける。坂祝町の玄関駅として、駅の北側にあったセメント会社のサービスステーションを管理するJR貨物会社に駅業務を委託し、みどりの窓口も開設されていたが、二〇〇四年に無人化された。なお、当駅の貨物輸送業務も二〇〇七年三月で廃止され、高山線の岐阜方では貨物輸送から撤退した（六六ページ）。

大きな駅舎は白く塗り替えられたが、古い木造で、駅の待合室として使用されているのは三分の一程度の面積だそうだ。

深萱の農村舞台（歌舞伎）

坂祝町

坂祝町は、岐阜県東南部、加茂郡西部、木曽川下流部北岸にあり、面積一二・九平方キロメートル、人口八〇〇〇人余の小さな町である。一八九七年、村制を敷き、一九六八年単独で町制を施行した。坂祝の地名は、町の中央にある坂祝神社に因み、木曽川沿いに行く中山道やその他の道路が「急坂や泥々道で歩くのも危い」難所なので「坂歩危《さかほぎ》」と呼ばれたことによると言われ、「歩危」に同音の漢字の「祝」を充てたとのことだ。

◆十二社神社・深萱の農村舞台

坂祝神社の北にある郷部《ごぶ》山（標高一六二・八メートル）の裾野には水田が開けており、大きな民家も多い。その北西の深萱《ふかがや》地区には十二社神社《じゅうにしゃ》（祭神は伊弉諾尊《いざなぎのみこと》）がある。その拝殿は、農村舞台の芝居小屋を兼ねており、舞台の中央は回り舞台になっている。この建物は明治時代に建設されたが、構造は江戸時代から承継されたものだ。深萱の農村舞台として慕われ、公演のポスターや練習の日程が何枚も掲示されていた。

◆行幸公園

坂祝駅を北に出て国道21号線を渡り、木曽川北岸に出ると、広い河川堤防を利用して行幸《みゆき》公園が整備されている。日本ラインを眺める絶好の場所で、今回、真冬（一月下旬）の夕方に訪ねても訪れる人は多かった。峡谷の岩石や中州の間を勢いよく流れる木曽川を見ながら川辺や堤防を歩くこと三〇分、夕闇が迫ってきた。暗くなりながらも空は茜《あかね》色に染まっている。後ろ（東）を振り返ると、白雪を被った御嶽山《おんたけさん》がほんのりと赤く染まる姿が見える。思い出に残る光景であった。

注1　飛騨川　岐阜県北東部、乗鞍岳（標高三〇二六メートル）南斜面に発して西流し、高山市久々野町で南に向きを変え、飛騨南部の加茂地方を流れ、美濃加茂市で木曽川に合流する延長一四八キロの河川。旧益田郡金山町以北の上流部を益田川、下流部を飛騨川と呼ぶこともある。飛騨川沿いに国道41号線（飛騨街道）と高山本線が並行して遡る。急流でダム

や発電所が多く、飛水峡や中山七里などの峡谷美も堪能できる。飛騨川流域は、飛騨木曽川国定公園に指定されている。

注2

飛騨街道　飛騨街道は、時代・地方によりいろいろな意味に使われ、また、飛騨高山に至る街道の総称にも使われる。その例をあげれば次のとおりである。

①尾張国名古屋または美濃国岐阜・太田から飛騨川を遡って飛騨国高山に至り、神通川沿いに越中国富山に下る道→国道41号線

②①のうち前半の岐阜から高山に至る道→益田街道

③①のうち後半の富山から高山に至る道→越中街道、ブリ街道

④信濃国松本から野麦峠を経て高山に至る道→野麦街道または木曽街道、岐阜県道39号線または国道361号線

⑤美濃国関から東に横断して飛騨国金山に至り、益田街道に繋がる道→岐阜県道58号線

本書では、飛騨街道は専ら①の意味（岐阜―高山―富山）で使用することとし、他の街道はそれぞれ別名の意味で使うことにする。

太田

美濃太田駅

坂祝駅を出た高山本線の列車は、一キロほど進んだ地点で、R600の左曲線で東から北東に向きを転じ、さらに二・五キロ進んで標高七〇メートルの頂に達して下りに転じ、向きを東に戻す。左から長良川鉄道と合流し、加茂川(幅二六メートル)を渡って、美濃太田駅に着く。岐阜起点二七・三キロ、標高六九・七メートルの位置にある。

美濃太田駅は、一九二一年一一月一二日、各務原—美濃太田間延伸の終点駅として、加茂郡太田町立石(現・美濃加茂市太田町立石)に開設された。二三年一〇月五日、越美南線(現・長良川鉄道)(一一六ページ)の起点となり、二八年一〇月一日、太多線《たいたせん》(一〇七ページ)が終点として乗り入れ今日に至っている。駅の配線は、島式ホーム二面四線で、高山本線と太多線が共用している。長良川鉄道については、四番線の北に隣接して専用の単式ホームが設けられた。

美濃太田駅は、人口五万五〇〇〇人を擁する美濃加茂市の玄関駅であり、河川・道路・流通網と共に、鉄道路線も四方に集合分岐する交通の要衝である。駅構内は広く、転車台

美濃太田駅の名物駅弁

（注3）や多数の側線は今でも残っているが、九八年、駅舎も堂々とした橋上駅舎に改築された。

列車ホームから二階の駅舎階に上ると、広い自由道路が南口と北口を繋いでいる。二階の改札脇には品数豊富な売店ができ、南口の階段下には観光案内所が設置され、駅前広場も整備され、ホテルも数軒建つ。従来は裏口色が強かった北口も整備されてきた。一方で、三・四番線ホームの東端には、昔ながらの駅弁の売店が営業を続ける。秋の松茸《まつたけ》釜飯が名物で、一本早い普通列車で来て買い求めてから、下りの特急列車〈ひだ〉に乗り込む通人もいるそうだ。今回の旅で、私は幕内弁当を食べたが、なかなか美味しかった。

美濃太田駅の乗降客は、五六四〇人で、高山本線では起点の岐阜駅、終点の富山駅に次いで第三位の多さであり、中間駅では断然首位を続ける。乗降客は、過去三〇年間五五〇〇～五八〇〇人程度で推移している。これは、美濃太田駅が所在する美濃加茂市が活況を呈し、人口も増加傾向にあること、高山本線の特急列車一〇往復が美濃太田駅に全て停車し便利なこと、などによるのであろう。

美濃太田の駅名は、同駅が所在する町名の太田町に由来する。太田が付く駅名は、山陰本線に大田市《おおだし》駅（島根県）、水郡線に常陸太田《ひたちおおた》駅（茨城県）があるので、後発の同名の駅には旧国名を冠する原則に従って、太田の前に旧国名の美濃が付けられた。美濃加茂市の発足間もない一九五五年頃には、市名に合わせて駅名も美濃加茂に変更すべきとの動きもあったが、太田の地名は中山道の宿場として知られていること、美濃太田の駅名は開設三〇年余を経て定着していることなどから、現状維持となった。また、太田の地名は、中世にはこの地を「大井戸」と呼んだのが転訛したとする説もある。

注3　**転車台**　蒸気機関車時代、機関車の方向を変えるための転向装置として設置された。この装置に乗せた機関車を電気動力で回転させ、周囲にある扇形車庫や別方向に向かう線路に移す役割をしている。

美濃加茂市

美濃加茂市は、一九五四年四月一日、加茂郡太田町を中心に、周辺の二町五村が合併して成立した。市名は、美濃国の加茂郡に属していたことを素直に市名にしたと言う。

太田盆地と呼ばれる平地で、稲作と共に果樹（柿・栗・梨）・野菜（サトイモ・シイタケ）・養鶏等で農業生産額は一八億円に達する。交通が便利なので、電気機械・金属・木材工業等の工場が立地し、製造品出荷額は四五〇〇億円を超し、県下有数の工業都市である。太田は、江戸時代から中山道の宿場町として栄え、住宅も密集していた。今日でも、岐阜駅には高山本線の普通列車で四五分で行けるし、名古屋駅にも、太多線―多治見―中央本線経由でも、高山本線―岐阜―東海道本線経由でも一時間一五分程度で行けるので便利だ。そこで、住宅開発が進み、人口は、近年、年率一％で増加して、五万六〇〇〇人に達する。東洋経済新報社が行った「住みよさランキング」（注4）では、美濃加茂市は全国八一三市区のうち三九位（二〇一五年）に位置付けられ、岐阜県下首位である。

注4　住みよさランキング　東洋経済新報社では、全国八一三の市区について、安心・利便・快適・富裕・住居水準の五観点から、一五の社会経済指標を採用して、偏差値を算出、これを総合して位置付けをしている。

市街めぐり

◆中山道太田宿

美濃太田駅を出て南に一・五キロ、市役所の脇を通り、国道21号線を渡り、中山道の街道に突き当たる。木曽川北岸に中山道太田宿が置かれていた。太田宿は江戸日本橋から数えて五一番目の宿場で、その町並みは東西に延長七〇〇メートル連なっており、東から上町・中町・下町に分かれ、その後、東に五〇〇メートルほど伸びて新町が設けられた。太田宿の管理は、当初は奉行所で行ったが、一七八二年には尾張国太田代官所が設置され、宿場に加えて、木曽川筋の軍事・政治・経済の管理も行った。

太田宿には、人馬を乗り替える問屋場《といやば》が三軒、大名や代官らが宿泊する本陣・脇本陣が各一軒、一般の旅籠が二〇軒ほどで町並みを形成していた。宿場中央の中町には、一八六一年、皇女 和宮《かずのみや》が下向の際に宿泊したという本陣の福田家があり、現在は本

中山道太田宿の脇本陣・林家住宅

陣門（表門）しか残っていないが、脇本陣の林家住宅は江戸時代の町屋建築の様子を伝えている。林家住宅（国重文）は、一七六九年に建てられ、母屋・質倉・借物倉・表門の四棟からなり、母屋の屋根の両端にはうだつ（梲《うだつ》・卯建《うだつ》、一三五ページ）が設けられ、正面には格子窓が連なり、宿場の雰囲気を醸し出している。林家住宅の東隣には太田宿中山道会館があり、太田宿の歴史文化、江戸時代の旅や宿場の様子を紹介している。

宿場東部の上町にある祐泉寺《ゆうせんじ》（臨済宗）は一五世紀の創建と伝えられる、質実な構えの寺である。境内には、明治の文豪で太田出身の坪内逍遙《しょうよう》の歌碑、日本ラインの命名者である地理学者の志賀重昂の碑、槍ヶ岳《やりがたけ》開山の播隆上人《ばんりゅうしょうにん》の墓碑等が建つ。一方、太田宿の西隣、太田小学校が建つ場所は、太田代官所の跡地で、ここは明治〜昭和初期に小説家・劇作家として活躍した坪内逍遙の生誕地でもある。

さらに、緊急時には防衛基地として利用できるように、太田宿を取り囲んで武装した神社や寺院を配置した。これにより、太田宿は要塞都市の様相を呈していたと言う。

◆蜂屋柿

美濃太田駅の北西二・五〜四キロ、各務野から中美濃の台地に展開する蜂屋《はちや》地区は、蜂屋柿の産地として知られる。長楕円形の大きな柿で、水分が少ないので干柿《ほしがき》に適している。一五世紀中葉、美濃国守護の土岐氏により創建された瑞林寺《ずいりんじ》の和尚が、水田が少ない当地の作物として柿の栽培を推奨したことに始まると言う。室町幕府の足利将軍家や豊臣秀吉にこの柿を献上して、お返しに寺領の寄進を受けて大きな寺になったそうで、「柿寺」とも呼ばれる。

同じく北一・二キロ、蜂屋地区東端に造成された「みのかも文化の森」は、自然の地形を活かした約九万平方メートルの森の中に、博物館・民具展示館・生活体験館等の文化施設が点在する。地域の歴史や文化を紹介しており、散歩路を歩いて自然観察を楽しむこともできる。

◆日本昭和村

同じく北四キロ、東海環状自動車道美濃加茂ＩＣ近くの山之上町にある平成記念公園日本昭和村は、昭和三〇年代（一九五五年～六五年）の里山の風景を再現した施設である。どんぐり広場・じゃぶじゃぶ池……など、私の小学校時代の遊び場が急にできたようだった。そば・うどんの店、だんご・あめ玉・せんべい等の製造販売の店が並ぶ。加えて、こんにゃく作り・とうふ作り・そば打ち・せんべい焼きや染色・陶芸・機織《はたおり》等の体験実習もできる。昭和村

日本昭和村

の門前には昭和銭湯「里山の湯」もある。日ごろの生活を忘れて、清い空気の中で、古き良き時代を思い出しながら、ノンビリ過ごすのもよいものだ。実は、私は、今回の旅でも、時間に余裕ができると、足が自然に向いてしまい、日本昭和村へは四回訪れている。

太多線

太多線は、ＪＲ東海が所有運行する鉄道路線で、中央本線多治見—高山本線美濃太田間一七・八キロを結び、狭軌・単線・非電化である。一九一八年、東濃《とうのう》鉄道が新多治見—広《ひろ》見《み》（現・可児《かに》）間を軌間七六二ミリの軽便《けいべん》鉄道（注5）として開業した。二六年、東濃鉄道の前記区間が国有化され、太多線となった。線名は多治見の「多」と、延伸予定の美濃太田の「太」から合成された。二八年、多治見（新多治見を吸収）—広見間を一〇六七ミリに改軌すると共に、広見—美濃太田間もこの軌間で開業し、全通した。

太多線は、標高七〇～一五〇メートル程度の丘陵地帯を南北に進む路線で、Ｒ３００の急曲線と一五～二〇‰の急勾配が連続する。太多線の建設目的としては、高山本線（岐阜—美濃太田間）と組んで、長野県内等からの貨物を、名古屋を通過せずに岐阜以遠、関西方面に運送することが主であった。この経路による運送は、第二次大戦後は減少し、両線とも貨物取り扱いが廃止された。沿線はのどかな田園地帯であったが、戦後、住宅・工場・学校等が進出し、名古屋・岐阜への通勤通学路線・生活の足へと変質した。日に三八往復の列車（気動車）が運転され、うち一五往復が高山本線に乗り入れて岐阜まで延びる。

太多線には起点・終点を含めて八駅が開設される。駅間距離は平均二・五キロと短く、途中六駅のうち駅員配置駅は可児駅のみで、簡易委託駅は小泉《こいずみ》・根本《ねもと》の二駅、無人駅が姫《ひめ》・下切《しもぎり》・美濃川合《みのかわい》の三駅となっている。配線は、小泉・姫・可児の三駅は相対式ホーム二線で、残り三駅は片面式ホーム一面一線である。

注5　軽便鉄道　軌間が狭小（七六二〜五八〇ミリ程度）で、小型の車両を使用する鉄道。一九一〇年代に、輸送密度の少ない地方交通線や森林鉄道が軽便鉄道を採用して開設された。

多治見

太多線の起点多治見は、岐阜県東濃地方の西南部に位置する人口一一万二〇〇〇人の都市で、土岐川《ときがわ》沿いに形成された盆地の市街地と周辺の丘陵地からなる。古来、陶磁器の産地・集積地として発展してきた。多治見駅は、一九〇〇年、中央本線の中間駅として、市街中心部に開設され、一八年、太多線が乗り入れた。名古屋から三六・二キロ、岐阜から美濃太田経由で四五・一キロ、標高は九四・九メートルの位置にある。配線は三面五線で、乗降客は二万七六〇〇人ほどある。

多治見駅を南西に向かって出発した太多線の列車は、R300で右折して中央本線から離れ、北北東に向かい、国道19号線と中央自動車道をくぐり、一一‰で上りながら**小泉**駅（今回の高山線の旅で初めて乗降した駅を太字で示す。以下同じ）に着く。駅の北東に住宅団地ができ、通勤通学の乗降客も二五〇〇人近くに増加したので、撤去していたホームを復活し、二面二線の簡易委託駅となった。駅名は鎌倉時代の荘園名「小泉荘」に因むと言う。小泉駅を出ても一二～一八‰の上り勾配で北北西へ前進を続けて**根本**駅に着く。片面ホーム一面一線の配線だが、乗降客は二四〇〇人を超え、簡易委託駅となった。駅名は、駅の東にそびえる高根山《たかねやま》（標高二二六メートル）の麓にあることに由来する。

根本駅からは勾配も曲線も小刻みに変わるので、地図上には表れないが、二〇‰の上り勾配、R300の曲線が連続する。起点から七キロ、右車窓から農業用溜池が見える付近で一五〇メートル余の頂上に達し、それからは下りに転じて**姫**駅に着く。二面二線の無人駅で、乗降客は八五〇人ほどある。駅名は、当地の鎮守の八幡神社の祭神に玉依姫《たまよりひめ》が祀られているので、この神社が姫八幡と呼ばれ、地名になったことによる。駅舎は、開設時に建てられたのは木造であったが、二〇〇八年、コンクリート製に改築された。小型だが、青色のタイルが張られた明るい駅舎だ。二〇‰の下り勾配がやや緩やかになった地点（起点から九・二キロ付近）で、多治見市を出て可児市に入る。

可児

可児市に入るとすぐに**下切**《しもぎり》駅だ。一九五二年、可児郡姫治村下切（現・可児市下切）に開設され、単式ホーム一面一線の無人駅で、ホームには数人入れば満席となる待合室があるだけの簡素な無人駅である。乗降客は七四〇人ほどある。駅名は字名によるが、切は区切り・区分けの意味で、上中下などの小区画を指すとみられる。

下切駅を出ると、R400の曲線、一〇‰の下り勾配を続けながら北北西に進み、可児川を渡り、市街が密になると可児駅に着く。可児駅は、一八年、広見駅として、可児郡広見村伊香（現・可児市下恵土《しもえど》）に開設された。相対式ホーム二面二線で、太多線の中間駅で唯一の業務委託駅で、乗降客は三〇〇〇人に近い。名鉄広見線の新可児駅が東に隣接している。駅前広場には、太多線で一九八六年まで使用された腕木式信号機が保存されている。

可児市は、木曽川と飛騨川の合流点の南東部、東濃丘陵の北西部に位置する田園都市で、九万五〇〇〇人の人口を擁する。五五年、可児郡広見・今渡《いまわたり》の二町を中心に五村が合併して可児市が成立した。戦国武将の明智光秀の生誕地である。古来、美濃焼の産地として知られる。駅前広場が広いのは、可児地方特産の亜炭《あたん》を搬出するための設備があったことによる。

また、可児地方には四、五世紀に築造された古墳が散在しており、その代表が可児駅の東一・五キロの中恵土野中野にある長塚《ながつか》古墳である。前方後円墳で、全長八一メートル、後円部径四六メートル、前方部の幅三二メートル、高さ六〜八メートルほどの巨大なもので、周囲には濠もめぐらされている。

美濃川合

可児駅を出た太多線は、犬山街道（県道）と平面交差し、名鉄広見線と分かれ、さらに、国道21号線（中山道）を跨ぎ、北北西に向かって二〇‰で下る。三〇七メートルの橋梁で木曽川を北（右）岸に渡ると、すぐに**美濃川合**駅だ。木曽川の途中で美濃加茂市に入る。木曽川橋梁に隣接して、小さな待合室しかない片面式ホーム一面一線が設けられ、無人駅である。しかもホームはＲ４００の左曲線で湾曲している。遮るものがない場所なので、雨・雪・風の強い日には、乗降客にも厳しそうだ。乗降客は、近くに高校が新設されたこともあって、八〇〇人近くに増加した。

五二年、加茂郡古井《こび》村上古井（現・美濃加茂市川合町）に開設された。駅名は、当駅の上流一キロ地点で木曽川と飛騨川が合流しており、合流地点を地形地名として「川合」、「河合」と呼ぶこと、当地の地名が後に川合町と付けられたことによる。美濃を冠したのは、川合と書き、または「かわい」と発音する駅が既に六駅も存在することによる。

太田車両区

美濃川合駅を出るとすぐに、太多線の北側に美濃太田車両区が隣接して設けられている。ＪＲ東海の気動車専門の車両基地で、従来は美濃太田駅構内にあったが、二〇〇一年、現在地の美濃加茂市川合町に移転してきた。高山本線の岐阜―猪谷間、及び太多線の普通列車として運行される気動車五三両等が配置されている。このうち、国鉄時代（一九八七年以前）に製造されたキハ40系気動車は、順次、新製のキハ25系気動車に取り換えられることになっている。太多線は、出発後間もなく国道41号線をくぐって左折し、美濃太田車両区の南側を西に向かい、同区からの入出区線と二キロ近く並走し、終点の美濃太田駅に着く。

古井

古井駅

美濃太田駅を出た高山本線は、駅構内の複雑な分岐を通り過ぎて七〇〇メートルほど東進した後、R400の左曲線で太多線と分かれ、北東に向かう。一〇‰の上り勾配で二・三キロほど進むと**古井**《こび》駅である。一九二三年一一月二五日、美濃太田―下麻生間延伸の中間駅として、加茂郡古井村上古井（現・美濃加茂市森山町一丁目）に開設された。相対式ホーム二面二線の無人駅である。駅間距離は三・〇キロ、標高は九一・〇メートルとなる。普通列車のみが停車し、乗降客は、近所に高校があるので、八五〇人ほどに増えた。

駅舎は、南側の上りホームに設けられたが、無人駅になってからは駅事務室は使用されず、出改札口には板が張り付けてある。当駅の北西方向にある高校への通学路のため、北側の下りホームにも北口が設けられた。

古井は、五四年、太田町等と合併して美濃加茂市が成立する以前の旧村の名称である。江戸時代以来、木曽川の船運業と養蚕・製糸を主産業としていた。古井の地名は難読地名の一つだが、コビはコイが訛ったともされる。コイは、美濃太田駅の大井戸と関係があると思われるし、古井は古井戸《こいど》に由来するのではなかろうか。

◆小山観音

周辺をめぐると、駅の南東六〇〇メートルの下米田町小山には小山観音《こやまかんのん》がある。飛騨川に浮かぶ小島に、木曽義仲の母堂若菜御前《わかなごぜん》の守り本尊である馬頭《ばとう》観音を祀る観音堂が建っている。

◆天狗山

駅の北東八〇〇メートルの愛宕山の山頂には古井の天狗山《てんぐさん》がある。眼下には木曽川・飛騨川をはじめ、大小の河川が織り成す雄大な景色が展望できる。天狗山は荒薙大神《あらなぎおおかみ》等を祭神とし、天狗を大神のお使い役として、境内各所に数多くの天狗が祀られている。中でも、緑色に塗られた高さ一二メートルの大天狗は圧巻である。

川辺

中川辺駅

古井駅を出ると、右下（南東）から国道41号線（飛騨街道）が近づき、その向こうにダムで堰き止められた飛騨川の水面が見えてくる。駅から五〇〇メートルで、美濃加茂市を出て川辺町に入る。五～一〇‰の上り勾配で北北東に進むこと三キロで**中川辺**《なかかわべ》駅に着く。標高は一〇〇メートルを超す。

中川辺駅は、一九二二年一一月二五日、下麻生延伸の中間駅として、加茂郡川辺町中川辺に開設された。相対式ホーム二面二線の無人駅で、乗降客は一三〇〇人ほどある。古井駅でもそうだが、中川辺駅も跨線橋が屋根付きで立派なのが目につく。これは、飛騨の山間に入って、強い風雨に耐えるためであろうか。駅名は所在地の字名によっているが、町名の川辺は飛騨川の川べりにあること、駅名の中川辺は川辺町の中央・中心部にあることを示している。

下麻生駅

中川辺駅を出た高山本線は、国道41号線と飛騨川と並んで、ほぼ直線で北東に向かい、五〜一〇‰の上り勾配で進む。ゴルフ場の看板があるくらいで、目立った名所旧跡は見当たらないが、緑に包まれた谷間を清流が流れる光景を車窓から眺めるのは楽しい。右前方に川辺大橋が見えてくると、間もなく**下麻生**《しもあそう》駅である。駅間距離は三・八キロ、標高は一一五メートルまで上がる。

下麻生駅は、一九二二年一一月二五日、下麻生延伸の終点駅として、加茂郡川辺町上川辺（現・加茂郡川辺町上川辺字鍛冶屋野）に開設された。島式ホーム・単式ホーム各一面で三線をもつ無人駅である。乗降客は五一〇人程度である。駅舎は、開設時の大型木造駅舎が取り壊され、代わりに、那加駅（七七ページ）と同様、身障者用スロープ付き、コンクリート製の簡素な小型建物に改築された。

駅名は、所在する字名の上川辺では中川辺とまぎらわしいので、近くの地名（旧村名）である下麻生を採用したと考えられる。麻生は麻の生えた場所を指すとみられ、加茂郡内には麻生の上に上・中・下と冠した集落があり、しかもそれは飛騨川の流れの順になっている。

川辺町

川辺《かわべ》町は、加茂郡の南東部、飛騨川が美濃加茂盆地に流入する地点にあって、町名は古代からの郷村名で、「川べり」にあることによる。一八九七年に町制を施行し、一九五〇年代に近隣の下麻生町等を吸収して、四一・二平方キロメートルの面積を有する。町域の七〇％以上が山林で、河岸段丘上には耕地もある。町の中心部の中川辺や下麻生は、飛騨の山地で伐採した木材（杉やヒノキの丸太）を筏に組んで熱田の木場（九三ページ）に送り出す河港であった。高山本線の開通やダムの建設で水運は衰えたが、国道沿いに工場が進出し、名古屋や岐阜への通勤通学客も増えており、人口も一万一〇〇〇人程度の横這い状態である。

七宗

上麻生駅

下麻生駅を出た高山本線は、国道41号線・飛騨川と並んで、一〇‰の勾配で上り続ける。そして、右へ左へと曲がりくねる。R３００～１２００の曲線が、次の上麻生駅まで

の間に少なくとも一一回以上ある。下麻生駅から二・五キロ、標高一三〇メートル付近で川辺町から七宗町《ひちそうちょう》に入る。曲線が厳しく、小間隔となる中、勾配がやや緩やかになったところで**上麻生**《かみあそう》駅に着く。駅間距離は五・三キロ、標高は一三四・六メートルとなる。

上麻生駅は、一九二四年三月二〇日、高山本線の中間駅として、加茂郡上麻生村一本杉（現・加茂郡七宗町上麻生二三七二）に開設された。相対式ホーム二面二線の無人駅で、乗降客は九〇〇人程度ある。駅舎は、開設時は大型木造駅舎であったが、那加駅、下麻生駅（一一六ページ）と同様、スロープ付き、コンクリート製、石張りの簡素な小型建物に改築された。駅名は、開設時の村名、現在の字名を採用している。駅前には、往時、高山本線で列車を牽引していた蒸気機関車の「C12 163号(注6)」が静態保存されている。

◆**飛水峡**

上麻生駅を出ると、谷は狭まり、奇岩が見えて、

飛水峡

周囲には民家も農地もほとんどなくなり、高山線は、飛ぶように流れる飛騨川の急流を眼下に、岩の上を上り、短いトンネルを抜けて、飛水峡《ひすいきょう》信号場を通過する。飛水峡は、飛騨川の急流により岩石（溶岩）が深く、荒々しく削られてできた峡谷で、高山本線沿いに上麻生から白川口まで一二キロにわたって展開し、車窓を楽しませてくれる。飛水峡には、川に流された岩石が回転しながら岩肌を削って穴を開けた甌穴《おうけつ》群が見られ、国の天然記念物に指定されている。高山本線は、信号場の先は、天神山《てんじんやま》・柿ケ野山《かきがのやま》の両トンネルを抜け、Ｒ３００の曲線で右に左に何度も揺さぶられながら、基本的には五〜一〇‰の上り勾配で東北に進む。上麻生駅から七キロ、標高一六五メートルの地点で、七宗町を出て白川町《しらかわちょう》に入る。

注6　C12型蒸気機関車　高山本線では開業当初から一九六〇年代後半まで、列車は蒸気機関車に牽引され、運転されていた。C12型は、炭水車を連結せずに、車体の一部に石炭と水を積載しているタンク型の蒸気機関車で、動輪が三つ付いていることをCで示している。三二〜四九年に国産で二九三両も製造された。小型で軽い割には力持ちで、方向転換不用で運転できるので、地方交通線、短距離運転、入れ替えに多用され、私鉄にも導入された。なお、末尾の「１６３号」は製造番号を示している。

七宗町

七宗町は、加茂郡南東部、飛騨川中流域を占める町で、町名は町北東部の国有林の七宗山に由来し、七つの高い峰があることを意味する。七《しち》を「ひち」と発音するのは、この地域の訛とされる。五五年、神渕《かぶち》村と上麻生村が合併して七宗村となり、七一年に町制を施行した。面積は九〇・五平方キロメートルあるが、人口はここ一〇年間で五七〇〇人から四二〇〇人に減少している。町域の九二％が山林で、江戸時代には七宗山から幕府御用材が伐出され、今でも東濃ヒノキの産地となっている。茶や竹の生産にも力を入れている。

◆日本最古の石博物館

町の南端を南西流する飛騨川には、前述の飛水峡や甌穴群といった景勝地がある。上麻生駅の南西一・五キロ、深い飛水峡の谷を見下ろす段丘には、「日本最古の石博物館」がある。七宗町周辺に見られる二〇億年前の日本最古の石から、代々の各種の石を陳列し、比較観察分析することにより、地球の誕生から現在までの歴史を体感できるとしている。地形が低いところは軟らかい岩でできていて、削られやすくて飛水峡ができたと説明している。

白川

白川口駅

飛騨川に面した白川口駅

飛騨谷を上る並び順が上麻生駅付近で変わり、飛騨川を中心に、西が高山本線、東が国道41号線となる。高山本線は飛水峡と共に東北に進むこと七キロ、七宗・白川の町境付近で北に転じて二・五キロで**白川口**《しらかわぐち》駅に着く。駅間距離は、上麻生駅から九・九キロ、飛水峡信号場から七・二キロである。この間も休みなく五～一〇‰で上り続けて、標高は一七五メートルに達する。

白川口駅は、一九二六年三月一五日、白川口延伸の終点駅として、加茂郡坂ノ東村下金《しもがね》（現・加茂郡白川町坂ノ東下金）に開設された。白川口駅は、白川町の玄関駅として、二面三線式のホームを擁している。CTC導入後、業務委託駅を長らく続けていたが、二〇一二年から、地元への簡易委託駅に格下げされた。美濃太田駅の次の特急停車駅で、〈ひだ〉のうち三往復が停車し、美濃太田方から来た普通列車のうち二往復が白川口駅で折り返す。かつては木材の積み出し駅としても賑わい、乗降客も一〇〇〇人程度あったようだが、今は四六〇人に減少した。

白川口駅の駅舎は、開設時の木造平屋のままだが、かつてのキヨスクの施設を地元が引き受けて売店を開き、地元産の新鮮な野菜や果物、そして名産の白川茶を並べている。

白川口の駅前から見ると、飛騨川の深い谷は、周囲の緑を映して静かにエメラルド色の水をたたえる。対岸の正面には、白川温泉の宿が並び、すぐ横を支流の白川(注7)と白川街道が北東に向かって分かれてゆく。町名の白川はこの川の名に因み、駅名の白川口は白川が飛騨川に流入する口となる光景を指すと思われる。

注7　白川　飛騨山脈南部の小秀山《こひでやま》（標高一九八二メートル）に発し、南西流し、白川町河岐《かわまた》で飛騨川に注ぐ川、延長四一キロ。

下油井駅

高山本線は、飛騨川の木曽川流入口から、飛騨川に沿ってその左側（西側）を三〇メートル近く遡ってきたが、白川口駅を出てまた険しく小刻みになる曲折（屈曲）に対処して、白川口駅の二キロ先で、飛騨川を第一飛騨川橋梁（延長二八七メートル）で東側に渡り、鷲原《わしばら》信号場を通過する。標高は一九四メートルに達する。以下五キロの間に、第二橋梁で西側に戻り、再び第三橋梁で東側に渡って、**下油井**《しもゆい》駅に着く。手前に名倉ダムがあり、水力発電所も稼働しているので、高山本線沿線の住民や観光客は、高山本線は何故電化しないかとの疑問を持つようだ。

下油井駅は、一九二八年三月二一日、飛騨金山延伸の中間駅として、加茂郡西白川村白山下油井（現・同郡白川町下油井白山）に開設された。白川口からの駅間距離は八・六キロ、標高は二一五メートルとなる。相対式ホーム二面二線で、地元の農協への簡易委託駅である。乗降客はかつては四〇〇人程度あった。駅舎は、開業当初からの木造平屋建てがそのまま使われている。駅名は、字名から採られており、油井は結《ゆい》に通じ、助け合い・相互扶助・仲間の意味とされる。この助け合いの組織に上・中・下などの名称が付けられたのであろうか。

下油井駅から北西に向きを変え、一・五キロほど平坦に進むが、佐見川《さみがわ》橋梁（延長五三メートル）で再び五～一〇‰の上り勾配、R３００～６００の屈曲部にかかる。一キロほど西進して岐阜起点六四キロ地点で、美濃国白川町を出て飛騨国金山町に入り、飛騨金山駅に向かう。

白川町

白川町は、県南東部、飛騨山脈南方山間の町で、飛騨川とその支流の佐見川・白川が流れる。一九五三年、加茂郡西白川村が町制を施行して白川町と改称し、五六年、佐見等近隣の三村を合併した。面積は二三八平方キロメートル、人口は約九〇〇〇人で、二〇年間にかなり減少している。

東濃ヒノキの産地で、製材業・造林業も盛んで、トンガリ帽子を被ったような青緑の木々が天に向かって整然と並ぶ森林の光景は、将来への希望を抱かせてくれる。また、第二次大戦後、霧がかかる傾斜地を利用して茶の栽培が盛んとなり、白川茶として知られるようになった。美味しいお茶で、私は、今回の旅や東海地方に来た時に見つければ、必ず白川茶のペットボトルを選ぶことにしている。

白川町は、これまで記してきたように、飛水峡の真っ只中にある町で、高山本線に乗車することにより、素晴らしい景観を見学し体感できた。佐見川や白川に沿って山野に入れば、優れた観光地はまだ沢山あるようだが、ここでは、痛ましいバス事故の碑をたどることにしたい。

◆天心白菊の塔

それは「天心白菊の塔」で、白川口駅から国道41号線を南に二キロほど戻ったところに建っている。一九六八年八月一八日、激しい集中豪雨と飛騨川の増水で土砂崩れに巻き込まれ、観光バス二台が川に転落して一〇四名の乗客・運転要員が死亡した事故で、飛騨川バス転落事故と言われる。この豪雨災害によって亡くなった地元の住民一四名と合わせて一一八名の慰霊碑が、「天心白菊の塔」と題して、国道41号線沿いで飛騨川に挟まれた地に建立された。今でも参拝し、花を供える人も少なくない。

これを契機に道路のガードレール等の設備が整備されたとのことだが、道路の車道と歩道を区切る柵の整備は、加茂地方ではほとんど進んでいないことも体験した。事実、秋晴れの日で、私は塔まで徒歩で行こうと思い歩き出したのだが、歩道は短い区間しかなく、大部分は縁石もなく、五〇センチ幅の路肩を歩かざるを得ない状況で、しかも自動車の通行が頻繁で危険を感じたので、断念して駅に戻った。なお、その後タクシーで往復してもらった。

岐阜県内（四）中美濃と奥美濃

中美濃と奥美濃は、岐阜県西北部の加茂・武儀《むぎ》・郡上地方を北から南に流れる長良川とその周辺の地方である。現在では美濃加茂・関・美濃・郡上の四市に統合されている。長良川鉄道は、国鉄改革により、旧国鉄の越美南線を継承した路線で、長良川の谷間を、郡上街道を継承した国道１５６号線と並行して、北に向かって上り続ける。近年では、東海北陸自動車道の高架橋も加わる。車窓風景を見ると、高山本線では鉄道と河川が一緒になって織り成すのに対し、長良川鉄道では、鉄道と河川は近くを通りながらも、橋梁以外では相交わることなく、分離独立して進んでいくのが特色だ。

長良川鉄道

長良川鉄道は、高山線美濃太田駅を起点とし、長良川沿いに北上して北濃駅に至る民営

美濃太田駅５番線で出発を待つ長良川鉄道の列車

鉄道路線で、延長が七二・一キロある。元来は、越前国（福井市）と美濃国（岐阜市）とを結ぶ越美《えつみ》線として一九一〇年代から計画され、その南部（岐阜県側）を越美南線の線名で建設が進められた。二三年一〇月五日、美濃太田―美濃町（現・美濃市）が東海道線の支線として開通した。その後、順次延伸開業して、一九三四年八月一六日に単線非電化で美濃太田―北濃間が全通し、同年一〇月二五日に開業した高山線の支線に移された。

越美南線は、普通列車のみが運行され、輸送力・輸送量が少なく、台風や集中豪雨・大雪に被災して長期間不通に見舞われた。八四年、国鉄再建法に基づく第二次廃止対象路線に指定され、八六年一二月一一日に廃止され、同日、第三セクターの長良川鉄道会社がこれを継承し、長良川鉄道として再発足した。

長良川鉄道の経路は、起点から関までの一二キロの区間は西に向かい、関から終点までの六〇キロの区間は北に向かう。関までの区間は緩やかな下り勾配だが、その後は上り勾配一途となる。勾配は一五‰以下に、曲線もR３００以下に抑えているが、小刻みな変化が連続するので、建設工事も運転も難しかったと言う。また、駅の数も、越美南線時代は二六駅であったが、長良川鉄道になってから新駅を一二駅も増設して三八駅とするなど経営努力はしている。しかし、過疎化が進む北美濃・奥美濃にあって、長良川鉄道は、平均通過数量が三五八人／日キロで第三セクター鉄道の最少を競い、営業係数も一八四で毎年悪化するなど営業成績も芳しくない状況だ。これには、東海北陸自動車道の延伸整備が進み、名古屋や岐阜からの長距離バスが頻繁に運転されるようになったことも一因であろう。

関

関駅

長良川鉄道の列車は、高山線美濃太田駅の四番線の北に隣接して設けられた専用ホーム（五番線に相当）に発着する。〇・五キロほど並走した後、南西に向かう高山線とは離れ、丘陵地帯を北西に向かう。名古屋から東海道線で西行し、岐阜から高山線で東行し、今度は美濃太田で長良川鉄道に乗り換えると、スイッチバック方式（注1）で旅をしている感じがする。住宅・工場・学校等の新しい建物が増えてきた田園地帯を行くこと六キロ、富加《とみか》駅付近で西に向きを変え、美濃加茂市を出て関市に入る。

関市に入って二つ目（二キロ）の**関口**駅は、片面式ホーム一面一線の無人駅だが、コンビニが「関口駅」の看板を掲げ、かつての駅待合室をコンビニの店内飲食可の休憩所に充てていることなどから、珍しい駅・面白い駅の例として採り上げられることが多い。

さらに一・五キロほど西に向かった後、Ｒ３４２の曲線で直角に曲がって北に向きを変えると**刃物会館前**《はものかいかんまえ》駅で、〇・八キロ北進を続けて関駅に着く。関駅は、越美南線の第一次開業の一九二三年一〇月五日、武儀郡関町（現・関市元重町）に、美濃関駅として開設された。「刃物の町」関の玄関駅として、二面三線式ホームの駅員配置駅で、乗降客は六四〇人程度である。長良川鉄道会社の本社が駅舎内に置かれており、車庫や修理工場も設置されている。

関の地名は、京都から飛騨高山や信濃善光寺に通ずる間道がこの地を通り、加賀金沢や越前北庄《きたのしょう》（福井）にも繋がる道もこの地に集まる交通の要衝であったので、宿場・市場が自然発生的にでき、関所も置かれたことに由来する。

注1　スイッチバック方式　折返し式の鉄道線路・駅。急勾配を緩かにするため、本線から分岐して平坦な線路に入り、逆行して本線に戻る方式を言う。中央線・北陸線・奥羽線等の山岳路線に設置されたが、高山線では、線路規格を遵守して急勾配・急曲線を採用しなかったので、スイッチバック方式を採用しないで建設されている。

関市

関では、鎌倉時代後半から刀剣生産が行われ、江戸時代にかけて、関鍛冶《せきかじ》・刀鍛冶として多くの名工が輩出し、技法の向上確立と交易が盛んになった。江戸時代になると鍬《くわ》・鋤《すき》・鎌《かま》等の農機具や鋏《はさみ》の生産をはじめ、明治時代になると剃刀《かみそり》や各種ナイフの製造販売も盛んとなり、刃物製品出荷額では日本一の市町村である。刃物から発展して機械金属工業が伸び、工業製品出荷額が三三〇〇億円を超える都市（県内四位）となった。

関市は、岐阜県中南部、長良川中流部に位置する都市で、一九五〇年、武儀郡関町が加茂郡田原《たわら》村と合併して関市が成立し、その後、二〇〇五年までの間に近隣の八町村を編入して四七三平方キロメートルの面積を擁する。関市の形状は、関駅のある関盆地を止め金として、太めの「V」字状の筋が東北と西北に向かって伸び、その中間部で、北に美濃市や郡上市を挟んでいるようだ。長良川鉄道の沿線は関市までは農地や工場・住宅地を通っており、関駅周辺は市の中心部に近く、住宅もかなり密集していたが、そこから先は沿線の両側とも山林で覆われている。

関市の人口は、二〇一〇年ころまで永らく微増を続けて九万三〇〇〇人台に達したが、その後微減に転じている。農業では、米のほか、イチゴ・キウイフルーツ・柚子《ゆず》・サトイモ・シイタケ等を特産とし、農業産出額は四六億円を超える。

◆関鍛冶

関の名所旧跡は、関市の中心部、関駅・刃物会館前駅周辺に集中している。関鍛冶伝承館では、関鍛冶の伝統技・歴史・作品等を映像・資料等で展示、公開している。丁度日本刀の鍛錬の実演を観る機会があったが、迫力に満ちていた。隣にある春日神社は、鎌倉時代に刀匠達により創建され、春日大社（奈良県）の分霊を祀った神社で、関の刀鍛冶の守護神となっている。

刃物会館前駅の駅前にある岐阜県刃物会館は、中に直売所があって、包丁・ナイフ・鋏・台所用品等が安い価格で販売され賑わっており、二階では研修や講習が行われている。カミソリ文化伝承館フェザーミュージアムは、カミソリの世界的な製造業者で、関発祥のフェザー安全剃刀会社が運営する博物館だ。髪とひげ、これらを剃《そ》る道具の歴史と文化を展示しており、充実している。

関駅の東正面には桜の名所の安桜山《あさくらやま》（標高一五二メートル）がそびえ、その麓に、「関の善光寺」の名で親しまれる宗休寺《そうきゅうじ》（天台宗）がある。一八世紀半ば建立の立派なお堂だ。寺の西隣の千手院境内には、関鍛冶の始祖元重《もとしげ》翁の碑があり、名刀匠達の墓が並ぶ。東に戻って関口駅近くにある新長谷寺《しんちょうこくじ》（真言宗）は、山号の吉田《きった》山から、通称「吉田観音」の名で知られる。広い境内には、一三～一六世紀に建てられた、桧皮葺《ひわだぶ》きの低い棟のお堂（いずれも国重文）が八つも建ち、壮観である。

関駅の標高は五六メートルで、起点の美濃太田駅からは一三メートルほど下った位置にあり、関駅を出るとすぐに一五・二‰の上り勾配にかかる。関市内で、これまでバラバラに進んできた長良川、国道１５６号線(注2)、長良川鉄道、東海北陸自動車道の四本が、長良川の狭い谷間を並走したり、離れたり、交差したりしながら、北に向かって上ってゆく。

注2　国道156号線　富山市と岐阜市を繋ぐ国道。中山道加納宿（岐阜市）—小屋名《おやな》—郡上八幡—白鳥（郡上市）等を経て、長良川の河谷を遡り、北庄（福井市）、白山、富山等に通じ、郡上街道をおおむね継承している。

美濃

美濃市駅

関駅を出て北進すること五キロ余、途中、東海環状自動車道に跨がれて美濃市に入り、東海北陸自動車道をくぐって西側に出ると、美濃市駅に着く。標高は九一メートルになり、関駅から三五メートル上ったことになる。

美濃市駅は、越美南線の第一次開業の一九二三年、武儀郡美濃町（現・美濃市広岡町）に、美濃町駅として開設され、五四年に美濃市駅に改名された。島式ホーム一面二線の駅員配置駅で、乗降客は八三〇人程度ある。美濃太田方から来た列車の半分近くはここで折り返す。

美濃市

美濃市は、和紙の生産と「うだつ」をつけた町並みが有名で、五四年、美濃町を中心に近隣の六町村が合併して成立した。市名は、旧美濃国の領域にあって、美濃和紙の産地であることに由来するようだ。県中南部、長良川の中流域に位置し、面積は一一七平方キロメートルあるが、ほとんどが山林である。農業は小規模に行われ、柿・菊等が栽培され、農業生産額は八億円程度だ。工業は、清い空気や水を求めて、近年進出が目立ち、機械・プラスチック・製紙等で工業製品出荷額は一二〇〇億円程度ある。だが、人口は年率〇・六％で減少し、

美濃の町並み　「うだつ」が上がる家並み

二万二〇〇〇人を割ってしまった。

◆美濃紙

美濃紙は、コウゾやミツマタを主原料として、美濃市を流れる長良川と板取川《いたどりがわ》の流域で生産される。奈良の正倉院に保存される七〇一年の文書に美濃紙が使用されていることからも分かるように、美濃は一三〇〇年以上の歴史を有する産地で、良質な記録紙や障子紙を生産していた。江戸時代には徳川幕府や尾張藩の保護で製紙技術が向上し、生産量も増大した。戦国末期から江戸初期にかけて、金森長近が長良川左岸の小倉山《おぐらやま》に城館を築き、その南麓に城下町として現在の町並みを造成し、美濃紙やその原料のコウゾ等の集荷・販売を行う商人も集まってきた。

明治期以降、美濃紙の生産はさらに伸長し、用途も広まり、衣類や梱包の材料に使用され、第二次大戦中には風船爆弾の材料にもなったと言う。戦後は、機械製紙工業が興隆して大量生産が行われ、紙製品市場の大半を占めるようになっているが、伝統の手漉《てす》き和紙（本美濃紙）への需要も高いので、その生産も手堅く行われている。本美濃紙は、国の重要無形文化財に指定され、最近ではユネスコの世界無形文化遺産にも登録された。

◆うだつ

美濃市駅の北西一キロ、長良川河畔にある城下町は、美濃紙・生糸・材木・米等の商人の町屋が並ぶ繁昌した町並みで、国の重要伝統的建造物群保存地区に指定されている。この町並みの特色は、大きく豪壮な商家の建物の屋根に黒瓦製の「うだつ」が上がっていることだ。「うだつ」とは、梲、卯建とも書き、本来は火事の延焼を防ぐために、隣家との間に作られた防火壁を意味した。江戸後期から昭和前期にかけて、このうだつが富や名誉や出世の象徴とされ、これらが成就した時に新しいうだつを上げる慣習であった。そこで、各家では事業や富の蓄積に励み、うだつを上げる競争が行われた。江戸時代に庄屋を務め、その後、紙問屋として栄えた今井家、江戸中期から造り酒屋を営む小坂家等のうだつは大きく、優美な芸術作品で、重要文化財にも指定されている。

なお、金がない、羽振りがよくない、出世できないことは、逆に「梲が上がらない」と表現される。

郡上

郡上八幡駅

美濃市駅を出た長良川鉄道の列車は、R300〜400の曲線で、右に左に小刻みに曲がりながら、一二～一五‰の上り勾配で北に向かう。長良川は大きな蛇行を繰り返すので、長良川鉄道は、これにつられて曲がることもあるが、橋梁で対岸に渡ることが多い。郡上八幡駅までの二八・三キロの区間に一三ある無人駅に丹念に停車し、郡上八幡駅に着く。標高は二〇七メートルとなる。

郡上八幡駅は、一九二九年一二月八日、越美南線の第六次延伸の終点駅として、郡上郡相生村相生（同郡八幡町稲成を経て郡上市八幡町稲成《はちまんちょういなり》）に開設された。三線式ホームの駅員配置駅だが、三番線は事実上使われていないようだ。駅舎は古い木造だが、半洋館風で山里には似合っている。駅舎内には「ふるさとの鉄道館」が開設され、国鉄時代に鉄道現場で用いられた道具や標識等が展示されている。乗降客は、郡上八幡等への観光客があるため、一一四〇人を数える。

◆郡上八幡城

郡上八幡駅の駅前には店舗が数軒あるだけで閑散としているが、北東二キロほどの八幡山と吉田川（長良川の支流）に囲まれ、郡上踊りの会場ともなる古い町並みが郡上八幡の中心街である。郡上八幡城は、一五五九年、遠藤氏が八幡山に砦を築いたのが始まりで、一七世紀初めには現在ある遺構の形に築城され、さらに一七世紀半ばには、近郊の寺院を城下に集め、商人も加えて城下町を整備した。その後、井上・金森・青山の各氏一九代・

三〇〇年間の居城（四万八〇〇〇石、美濃国第二位）となり、明治維新後、一八七〇年に廃城となった。現在の天守閣は、一九三三年に木造で再建されたものだが、緑の山の上にそびえる姿は、積翠城《せきすいじょう》という別称にピッタリだ。四層五階建ての天守閣に上ると、郡上八幡の市街が眼下に、箱庭のように展開する。八幡山の中腹には、郡上御坊と言われる安養寺《あんようじ》（浄土真宗）、土佐藩主山内一豊と妻千代の像などがある。なお、千代は初代郡上藩主遠藤盛数の娘と伝えられる。

山裾の吉田川河畔にある宗祇水《そうぎすい》は、祠《ほこら》の中から泉が湧き出ている美味しい良質の水で、名水百選にも選ばれる。室町時代の連歌の達人飯尾宗祇《いいおそうぎ》がこの傍らに住み、愛飲したことから、この名前が付けられたと言う。吉田川の河岸に設けられた親水遊歩道からは、清流の流れや川魚の泳ぐ光景を堪能できる。一一月中旬の昼過ぎ、小雨の合間に、初雪を被った白山を仰ぎ見る機会を得て、近くに集まった人達と一緒に感動したことが印象に残っている。

郡上八幡城

郡上市

郡上市の市名は、二〇〇四年、八幡町を中心に郡上郡内の七町村が合併した際、公募により決定された。この地域は平安時代から、広く郡上郡として成立し、歴史的にも由緒ある地名だからとされる。郡上の意味については武儀郡の北部を指すという説もあるが定説はない。また、八幡の由来も明確ではないが、八幡山の南麓には八幡神社が存在する。

郡上市は、県北西部に位置し、福井県に接する。市域には高原が広がり、多数の河川が流れて長良川に流入し、緑と水に恵まれた山間都市である。面積は一〇三〇平方キロメートル（県内二位、全国の市一九位）を擁するが、九一％が山林で可住地面積は少なく、人口は四万三五〇〇人で、年率一・二％で減少している。農業産出額は四七億円、製造品出荷額は機械・金属・電機等で八〇〇億円ほどある。また、古来から交通の要衝であり、岐阜市、高山市、福井市、高岡市等に通ずる道路・街道が集合離散している。「郡上踊り」をはじめ、永年の伝統と歴史に裏付けられた文化があり、食品サンプルのように独特な新興産品も根付いている。

◆郡上おどり

郡上おどりは、夏の夜に、三二夜連続で踊られる郡上八幡の盆踊りで、国の重要無形民俗文化財に指定され、日本三大民踊に数えられる。郡上おどりは、初代藩主の遠藤慶隆が、江戸時代の初め、領民の融和を図るため、領内各地で行われていた盆踊りを集めて奨励したことに始まると言われ、四〇〇年の歴史を有する。毎年七月中旬から九月上旬にかけて町内各所を巡回し、お盆の八月一三〜一六日は徹夜踊りが行われる。徹夜踊りの主会場は、八幡山西裾で、吉田川・長良川も近く、袖壁《そでかべ》（門や出入口の両脇の小さい壁）・防火用のバケツが目立つ、古くて細い町並み（八幡町・鍛冶屋町・職人町・本町等）が多い。この町の四つ辻に置かれた屋台の上では、笛・太鼓・三味線で音楽を奏で、これに合わせて、男も女も、老いも若きも、地元の人も観光客も飛び入りで参加して、この音楽に合わせて踊りの輪ができる。郡上おどりの歌（曲）や踊りの型式には一〇種ほどあり、城下町の北部にある郡上八幡博覧館では、郡上おどりを分かりやすく紹介し、踊りの実演が一日四回行われ、実技指導もしてくれる。

◆食品サンプル

郡上八幡の新しい看板産業が食品サンプルである。八幡町出身の岩崎瀧三氏が考案・製造した食品サンプルは、溶かしたロウ樹脂・プラスチック等を型枠に流し込んだり、手でもんだりして成形し、これに着色・彫刻・補填等の補整を加えて作られる。食品サンプルのショートケーキ、天ぷらそば、握り寿司、カレーライス……等々、眺めていると、本物よりも本物らしく見えてくる。八幡町内には数軒の食品サンプル業者があり、全国の約七〇％を製造していると言う。職人の製造現場も見学できるし、食品サンプルの製作体験もさせてくれる。近年、外国人観光客の見学者も増えているようだ。さらに食品サンプルは、病人や運動選手の栄養・体調の管理、そして医療面でも活用の幅が広まっているとのことだ。

白鳥

白鳥駅

郡上八幡駅を出た長良川鉄道の列車は、すぐに吉田川を渡り、国道156号線と並行して、一〇・三〜一二・七‰の上り勾配で北に進む。長良川の谷は狭まり、片面式ホーム一面の無人駅が狭い平地にへばりつくように建つ小さな集落を見ながら、途中の一〇駅に全て停車し美濃白鳥《みのしろとり》駅に着く。この間の距離は二〇・一キロで、標高は三七〇メートルとなる。

美濃白鳥駅は、一九三三年七月五日、越美南線の第八次延伸の終点駅として、郡上郡白《しろ》鳥町《とりちょう》白鳥（現・郡上市白鳥町白鳥）に開設された。相対式ホームの駅員配置駅である。周辺には高校・中学校等も多いので、乗降客は一八〇〇人ほどある。和風の木造建築の駅舎は、長良川鉄道が使用しているのは一部だけで、半分以上は地元の農協に貸し付けられているようだ。美濃白鳥駅は、長良川鉄道の要衝の駅で、美濃太田方から来た列車一一往復のうち、四往復が当駅で折り返す。

白鳥町

美濃白鳥駅が所在する白鳥町は、岐阜県北西部、長良川上流部にあった旧町で、西は福井県に接する。駅近在の白鳥神社は長い歴史のある神社で、地名、駅名はこれに因むとされる。旧国名の美濃を冠したのは、各地にある白鳥神社、白鳥町・白鳥と区別するためとみられる。

白鳥町は、奥美濃の交通の要衝で、国道156号線（白川街道）、同158号線（美濃〈越前〉街道）の分岐点であり、白山の信仰登山の基地、合掌造りの白川郷への玄関口でもある。さらに木材の集産地で、スキー場も開設されている。なお、白鳥町は二〇〇四年、八幡町等と合併して郡上市となった。

駅前広場には、町内各所で踊られる白鳥おどりの像が建っている。ここも七月下旬から八月下旬まで開かれる長期間の踊りである。また駅の北五〇〇メートルにある白鳥神社（祭神・伊弉冉命）は、白山信仰の白鳥地区の拠点で、大きな欅《けやき》や杉の叢林に包まれて鎮座しており、木の葉も鮮かに黄色に色づいていた。

白山長滝駅

美濃白鳥駅を出た長良川鉄道は、一二～一五‰の勾配で北に向かって上り続ける。郡上八幡を過ぎるころからは、周囲の山は低くなり、川沿いにも平地が増えてきて、高原を行く感覚になる。美濃白鳥から片面式ホームの無人駅一つに停車して、四・八キロで**白山長《はくさんなが》滝《たき》駅**に着く。標高は四三〇メートルとなる。

白山長滝駅は、長良川鉄道に転換の翌々年の一九八八年八月六日、郡上郡白鳥町長滝に開設された。片面式ホームのみで、駅舎はなく、出入口はホームの前と後ろの両方に設けられている。駅名は、駅の西北に隣接する長滝白山神社（長瀧寺）に由来する。駅の東（右）を国道１５６号線が並走し、その右には長良川が南に向かって流れる。

白山は、加賀国（石川県）、越前国（福井県）、美濃国（岐阜県）にまたがり、標高二七〇二メートルの美しい姿をし、富士山・立山と共に日本三名山に称えられる。白山自体を御神体とし、白山の主峰の御前峰《ごぜんがみね》山頂には白山神社、大汝峰《おおなんじみね》には白山比咩《しらやまひめ》神社を祀り、全国に二七〇〇余の末社を有している。七一七年に白山に初めて登拝し、白山信仰を全国に流布した僧泰澄《たいちょう》は、白鳥の地に長滝寺《ちょうりゅうじ》（天台宗）と白山長滝《はくさんながたき》神社を創建し、九世紀になると、神仏習合により、両社寺を合体して白山本地《はくさんほんぢ》中宮《ちゅうぐう》長滝寺と称した。九世紀には、白山の登拝口（馬場《ばんば》と言う）が、加賀・越前・美濃の三国に設けられ、美濃国の馬場は白鳥の白山本地中宮長滝寺が担い、登拝客の修行・休憩・宿泊等に使用された。平安―鎌倉―室町―江戸時代には、白山登拝の美濃口馬場として繁栄し、三〇余の社寺、三六〇余の宿坊があり、登拝客も一日一〇〇〇人を超したと言う。明治維新の神仏分離で、長滝白山神社と白山長瀧寺に分かれ、一八九九年の大火で主要な建物を焼失し、その後、再建されたが、かつての偉容はなくなったとのことだ。

白山長滝駅を降り、線路に沿った緩やかな坂道を数分登ると、緑に包まれた大きな境内が現れる。サッカー場が何面もとれそうな平地で、正面奥には長滝白山神社、左側には白山長瀧寺が隣り合って建っている。本建築の立派な建物が多く、寄進された仏像にも優れたものが多い。

国道156号線を挟んだ東側の「ぎふ美濃白山文化の里」に近年開館した白山文化博物館では、白山信仰ゆかりの歴史文化、白山周辺の山里の生活や使われた用具を紹介し、長滝白山神社や長瀧寺に伝わる文化財を展示している。博物館の屋根は霊峰白山をイメージしたトンガリ屋根になっている。さらに、博物館の屋根の先には白山が、頂上は雲の中だが、中腹近くまで白い雪の縞模様をつけて、淡い夕暮れの中に霞んでいた。

北濃

北濃駅

白山長滝駅を出た長良川鉄道は、R250～600の曲線、一四～二二‰の勾配で上り続ける。一・二キロで終点の北濃駅に着く。山の斜面もなだらかになり、案外落ち着いた高原で、標高は四四六メートルとなり、起点の美濃太田から三七六メートルほど上ったことになる。

北濃駅は、一九三四年八月一六日、越美南線の終点駅、同線の第九次延伸の終点駅として、郡上郡北濃村歩岐島《ほきじま》（現・郡上市白鳥町歩岐島）に開設された。島式ホーム一面二線が設けられているが、通常は駅舎側のホームだけが使用されているようだ。ホームの北端から北に線路は五〇メートルほど延びているが、車留め装置が設置されており、終着駅となっている。また、ホームの北西脇には、車両の方向を転換する手動の転車台が設置されている。これは越美南線の開業当初、蒸気機関車の向きを変えるために設置されたが、今でも、車両の車輪・ブレーキ・レール等の片寄った磨耗を防ぐために、時々使用されているとのことだ。ホームの東側には木造平屋建ての駅舎が建ち、かつては駅員配置駅であったが、今は無人駅で、乗降客は一二〇人程度ある。駅舎にはラーメン店の看板が立っているが、実際に営業しているかどうかはハッキリしない。駅前広場は広く、その正面を国道156号線が通っており、その先には長良川が流れているが、国道を通る車の気配や水の流れる音は感じられない。北濃駅には日に九本の列車が到着し、八本が発車していき、今も到着した列車が一〇分後には折り返して上り列車として発車する時間帯なのに、乗降客らしき人は数人しか見当たらず、森閑としている。冬には二・五メートルの積雪がある豪雪地帯の山里では、一六時を過ぎると、晩秋の夕闇が早足に迫ってくる。何とも物悲しく、物淋しい終点・終着駅の光景だが、鉄道はシッカリと定時に出発して行った。なお、駅名の北濃は、開設時の村名に由来し、文字どおり、美濃国の北端に当たることを意味する。

越美線の建設は、福井方からは、北陸線支線の越美北線として進められ、一九六〇年に越前大野まで、七二年に九頭竜《くずりゅう》湖《こ》まで開業した。北線は豪雪地帯を通るため、廃止対象路線の指定を免れ、八七年の国鉄改革でJR西日本所属となった。

この結果、未着工の北濃―九頭竜湖間については勾配がきつく難工事が予想され、山間部を通るので輸送需要の伸びは期待薄であり、両線の経営主体が異なることなどから、越美南線（長良川鉄道）と越美北線が繋がれる可能性はゼロに近いであろう。

第2章　岐阜県の旅（二）

——飛騨地方——

飛騨国は、岐阜県の北半分を占める旧国名で、東山道の一つである。古くは斐太・斐陀・卑田・比太とも表記されたが、八世紀に飛騨に統一された。その由来は、①国の地形が衣のヒダに似ている、②東山道の左側にある、などの説がある。飛騨は、山国で陸の孤島的存在であったが、高山線の開業・国道41号線の整備などで、近年、開発が進む。

第４図　飛騨地方の鉄道路線図

岐阜県内（五）益田郡と下呂市

益田郡と下呂市は、岐阜県中央部にあって、旧飛騨国南部及び飛騨川の上中流域を占める地方である。この地方の飛騨川を益田川と称することも多い。なお、益田郡は、二〇〇四年、下呂市設置により消滅した。

高山本線では、飛騨金山駅（手前二・五キロ）から飛騨小坂駅（先六キロ）までの約五〇・五キロの区間を対象とする。この間に八駅が開設され、一〇〜一五‰の上り勾配が続き、標高は三六〇メートル上って五〇〇メートルを超す。R300〜250で度々屈曲を重ねながら北進する。沿線には飛騨川の峡谷が美しい中山七里の景勝地、日本三名泉の下呂温泉等がある。この区間は、一九二八〜三三年の間に開業した。

金山

飛騨金山駅

下油井駅を出た高山本線は、二キロほど平坦に進んだ後、佐見川を渡った地点で五‰の上り勾配に転ずる。進行方向は、北―北東―北西―西―北西―北―北西、と目まぐるしく変化する。鉄道の勾配がきつく、飛騨川の流れはかなり低い位置になる。岐阜起点六四・五キロ付近で、美濃国白川町を出て飛騨国金山町に入り、大船渡川を渡り、二キロほどで飛騨金山駅《ひだかなやま》に着く。駅間距離は五・〇キロ、岐阜起点からの距離は六六・七キロで、標高は二三一・四メートルとなる。

飛騨金山駅は、一九二八年三月二一日、上麻生―飛騨金山間延伸の終点駅として、益田郡下原村大船渡（金山町大船渡を経て、現・下呂市金山町大船渡）に開設された。配線は二面三線式で、普通列車の全部と特急列車〈ひだ〉のうち五往復が停車する。旧金山町の玄関駅として、駅員配置駅で駅弁も販売されていた時期もあったが、CTCの整備もあって、二〇一二年に商工会への簡易委託駅になった。乗降客は五四〇人で、微減傾向である。配線が三線なので、特急の上り列車・下り列車とも、駅舎がある一番線に停発車する

飛騨金山駅　美濃・飛騨の国境を示す看板

のを原則としている。

駅舎は木造だが、大きく、貫禄のある建物である。飛騨川左岸の傾斜地の中腹に建っている。美濃と飛騨の旧国境にあることから、「これより飛騨路、美濃路」という境界点の看板が改札口近くに掲げられており、旅情をそそる。

駅名は、駅所在地の町名により、金山はこの付近の山で金等の鉱物が掘り出されたことによるという。旧国名の飛騨を冠したのは、金山という駅名は既に中央本線（愛知県）や根室本線（北海道）に存在していたからである。

旧金山町

旧金山町は、岐阜県中央部、飛騨国南端

部、飛騨川中流部に位置する町である。一九五五年、金山町、下原村等四町村が合併して益田郡金山町が成立した。町の中心部で飛騨川と馬瀬川《まぜがわ》(注1)とが合流しており、江戸時代にはここに飛騨街道の金山宿が置かれていた。金山宿からは、北東に向かう飛騨川の険しくも美しい渓谷、中山七里が始まり、北に向かう馬瀬川の沿岸には集落が形成され、ダムやダム湖が幾つも建設されている。さらに、金山では、関市または郡上八幡市に発して東に向かってきた国道256号線（飛騨街道、郡上街道とも言う）を国道41号線に受け入れている。

金山町の面積は一六七平方キロメートルと広いが、その八〇%以上が山林で人口は八〇〇〇人程度であった。産業としては農林業が中心で、米のほか、茶・養鶏・肉牛等の生産が行われている。特に、肉牛は飛騨牛の名で市場に出ており、高級牛肉の評価を受けている。これは、伝統的にも今日でも、牛は山間部で飼育され、草をよく食べ、耕作や坂道・狭い道での運搬の使役にも従事しており、その遺伝子も継承されているのだろう。

なお、金山町は、二〇〇四年、萩原町等と共に合併して、下呂市となった。

注1　馬瀬川　岐阜県中東部、高山市南部（旧清見《きよみ》村）の西ウレ峠に発して、旧馬瀬村内（現・下呂市）を南流し、金山町で飛騨川に合流する、延長七六キロの河川。ダムも多いが、渓

谷美に恵まれ、鮎釣りでも知られる。

◆飛騨街道金山宿

飛騨金山駅の西に〇・五キロ、金山橋で飛騨川を渡り、右岸に降りると飛騨街道金山宿である。

金山宿は、江戸時代の最初期に整備されたようだが、橋のたもとから〇・五キロ四方に設けられている。中央を四〜六メートル幅の道路が南北に通っているが、ここが飛騨街道で、承継・改良した国道41号線がその先を通り、古い町並みも残されている。宿場町の内部は、住民の生活に密着した細かい路地裏通りが網の目のように張りめぐらされているので、「筋骨《きんこつ》」「筋骨通り」とも称される。街道に面して城造りや白壁造りの旅館、江戸時代創業の豆腐屋・饅頭屋・造り酒屋も、今なお現役で営業している。南奥の鎮守山《ちんじゅさん》は、四〇〇年ころ、飛騨の豪族両面宿儺《りょうめんすくな》が、大和朝廷から討伐に来た武振熊《たけふるくま》を迎え討つため駐留した場所と言われ、宿儺の像も立つ。また、南西部にある柯柄《えがら》八幡神社は金山の鎮守で、春の祭礼には華やかな花神輿で賑わうそうだ。

金山宿は、現在の金山町金山、飛騨川右岸にあって美濃国に所属しており、尾張藩（名古屋）が管理していた。一方、飛騨金山駅は金山町大船渡、飛騨川左岸に所在し、飛騨国に所属していたが、飛騨国は江戸幕府の天領（直轄領）として、代官（後に郡代）の管理下にあった。美濃国と飛騨国との境界は、金山宿の北端、現・金山橋右たもとから二〇〇メートル北で、飛騨川との合流点に近い馬瀬川に架かる境《さかい》橋とされている。それで、金山宿は尾張藩が金山役所を置いて管理し、大船渡や金山湊の管理は、飛騨川の一・五キロ上流の下原《しもはら》にある高山藩の口留《くちどめ》番所で行われていた。

大船渡、ひいては金山町は、飛騨・美濃地区での連絡用の渡しばかりでなく、上流から流れてきた丸太の筏を組み替えて下流に流したり、日常の資材の運搬等で一九三〇年代までは賑わったが、三四年の高山本線の開通で河港は必要なくなり、衰退せざるを得なかった。

下呂

焼石駅

飛騨金山駅を出た高山本線は、左下に金山宿や飛騨川（上流部では益田川と呼ばれることが多い）を見ながら左岸沿いに上り始める。右に左に屈曲しながらも基本的には北に向かって進み、大船渡ダムの青緑の湖面を後にすると、二・七キロで福来《ふくらい》信号場を通過する。ここからは、一六・七‰の上り急勾配が混じり、益田川を右岸に渡り、すぐに左岸に戻り、下原ダムを見ながら下川渡トンネル（延長四九〇メートル）をくぐり、勾配が一・七‰に弛んだところで、金山・下呂の町境の行者山《ぎょうじゃやま》トンネル（延長四九〇メートル）を抜けて**焼石**《やけいし》駅に着く。

焼石駅は、一九二九年四月一四日、高山線の延伸で、益田郡中原村和佐（下呂町焼石清水を経て、現・下呂市焼石）に開設された。飛騨金山からの駅間距離は九・〇キロ、標高は二八一メートルとなる。相対式二面二線の小さな無人駅で、駅舎も線路も益田川東岸の山腹にへばりつき、西側の益田川や国道41号線を見下ろしている感じだ。開設当初の古い駅舎だが、地元の人達で清掃されている。

焼石の駅名は所在地名を採っているが、「焼」の付く地名は、一般に火山地帯に多い地名とされ、水利や地質が悪くて水気の不足した枯れ野を指すとも言われる。焼石は、活火山である御嶽山《おんたけさん》(注2)の南西麓三〇キロにあり、同市内には、「夏焼《なつやけ》」の地名もあることから、この地名も首肯けよう。現に私は、二〇一四年一〇月、第一一回の旅で、御嶽山が噴火した二週間後に、下呂市街・焼石・金山等に行く機会を得て、噴煙で自動車が白くなるのを目の当たりにし、自分の眼鏡も灰色に汚れる体験をした。

焼石駅を出ても、R302の急曲線、一六・七‰や一五・二‰の急勾配が混ざった線形で八キロ余り上り続ける。途中に、少なくともトンネルが九本、橋梁が四箇所あり、益田川も三回渡る。この辺は中山七里と言われる景勝地を車窓から満喫することができる。釣鐘《つりがね》トンネル（延長一〇〇八メートル）を抜け、第五益田川橋梁（延長一五八メートル）で渡って、益田川西岸に戻ると少ヶ野《しょうがの》信号場を通過する。焼石からの距離は一〇・九キロで、標高は三六〇メートルまで上がる。

注2　御嶽山　長野県木曽郡木曽町・王滝《おうたき》村と岐阜県高山市・下呂市にまたがる活火山（標高三〇六七メートル）。「木曽御嶽」「おんたけさん」などとも呼ばれる。古くから噴火活動を繰り返し、多数の噴火口、火口丘、火口湖、新峰等も見られ、山の姿は時代により変容している。御嶽山を対象とする山岳信仰も江戸時代から盛んとなり、中腹はヒノキ等の山林として利用され、高原・林・池等を利用した観光開発も進められる。「木曽節」や「伊那節」などの民謡にも謡われる。
二〇一四年九月二七日、御嶽山の頂上近くで大噴火が起き、噴石等により登山客に戦後最大の死傷者を出し、農業や観光面にも被害をもたらした。なお、登山規制等は、一五年五月に一部解除された。

◆中山七里

中山七里《なかやましちり》は、岐阜県中東部、飛騨川上流部（益田川）沿いに、飛騨金山から下呂温泉まで続く、全長二八キロに及ぶ峡谷である。蛇行する益田川の清流、その両岸に迫る急峻な山々、険しく荒々しく大きな巨岩・奇岩・怪石、季節により目まぐるしく変化する草木や花の彩り、雪や雨も加わって、旅を楽しませてくれる。そして、河川改修・道路（国道41号線［益田街道］）・鉄道（高山本線）等の土木構造物も美しさを倍加させる。私も今回の旅で、中山七里の上り下りを、鉄道からも道路からも、二〇回ほど通ったが、いずれの時もこの絶景に感動した。

飛騨国は、四方を山に囲まれ、「陸の孤

中山七里

島」の状態で、飛騨街道等国外に通ずる道の整備は永年の悲願であった。だが長い間、その願いは実現されないまま、人が通るのもやっとの道であった。一五八六年、豊臣秀吉に高山藩主を命ぜられた金森長近は、飛騨国と美濃国を結ぶ飛騨街道（益田街道）の整備に着手した。絶壁を開削し、大きな岩石を割り、低湿地に埋土などをして、高山から金山までの街道を馬牛が通れるほどに一〇年間で整備したとのことだ。その後も台風・洪水・積雪等に見舞われて被害を受け、復旧も難儀であったと言う。

下呂駅

第五益田川橋梁で益田川を西岸に渡るころから、国道41号線は東に離れるが、高山本線は益田川に沿って、右に左に蛇行しながら、五～九‰で上り続ける。少ヶ野信号場を過ぎ、右前方に益田川の河原や下呂の温泉街が開けてくると、下呂駅である。

下呂駅は、一九三〇年一一月二日、高山線下呂延伸の終点駅として、益田郡下呂町湯之島（現・下呂市幸田《こうでん》）に開設された。焼石駅との駅間距離は一二・六キロで、当線最長であり、岐阜起点からは八八・三キロの位置にある。標高は三六〇・八メートルである。

下呂駅の配線は二面三線式で、駅員配置駅である。下呂市の代表駅で、日本三名泉の下

下呂駅

呂温泉を訪れる人々の乗降駅なので、特急列車〈ひだ〉の全列車が停車する。また、乗降客の利便のため、特急列車は駅舎がある一番線に原則として発着する。乗降客は一五二〇人で、微減傾向にある。

駅構内を見ると、二、三番線ホームの起点方には温泉塔があり、温泉がこんこんと湧き出ている。駅前広場には温泉の所在を伝えた白鷺《しらさぎ》の像を建てた温泉池がつくられている。また、駅の東側には桜並木があり、四月中旬の夕方には花霞の彼方に温泉街の燈火が霞んでいた。温泉街に行くには駅の線路下の地下道をくぐることになる。

駅名は所在地名を採ったが、古代の東山道飛騨支路の宿駅の下《しもの》留《とまり》の音読ゲルが訛ってゲロになり、それに下呂の文字を充てたと言われる。高山本線上り方、益田川上流の旧萩原町内には、中呂《ちゅうろ》・上呂の地名があり、中呂は禅昌寺駅の所在地、上呂は駅名となっている（一七二ページ）。

◆下呂温泉

下呂温泉は、岐阜県中東部、旧飛騨国南部、益田川中流の川沿いにある温泉である。一〇世紀半ば（天暦年間）に発見され、一〇五〇年以上の歴史を有する。その発祥は、傷ついた白鷺《しらさぎ》が飛来し、湧き出る湯で湯浴びをするとすぐに治癒して飛び去り、温泉の湧く場所を知らせた白鷺伝説によると言う（そのあとに薬師如来像が残されていたと伝わる）。当初は湯ケ峰《ゆがみね》と呼ばれる山中の出で湯であったが、その後、益田川の河原からも湯が湧き始めたことから、温泉場・湯治場として発展した。江戸初期の儒学者で、下呂温泉を訪れた林羅山《はやしらざん》から、有馬温泉（兵庫県）、草津《くさつ》温泉（群馬県）と共に、日本三名泉の一つと称えられた。

一九三〇年の高山線下呂駅開業で、名古屋方面からの旅行客が増加した。第二次大戦で一時は衰退したが、戦後の旅行ブームで活気を取り戻した。旅館も大型化する一方、風情のある和風旅館も健在であり、足湯も沢山できて、名湯を気軽に楽しむこともできる。

下呂駅を降りて、線路下の地下道をくぐると、益田川を挟んで東正面に下呂温泉街がパノラマのように展開する。益田川を下呂大橋で東岸に渡ってすぐ、温泉街を西流してきた阿多野川《あたのがわ》に架かる白鷺橋には、下呂を愛した世界的名優チャップリンと前述の林羅山の像が立つ。左に曲がって湯の街通りを北に行くと、「下呂発温泉博物館」がある。下呂ばかりでなく、全国の温泉の科学と文化を紹介する博物館で、温泉の情報を積極的に発信する意気込みから、この館名が付けられたと言う。近くにある温泉寺（臨済宗）は、一六七一年創建で、前出の下呂温泉の白鷺伝説で、白鷺に姿を変えて温泉の湧出場所を知らせたと言う薬師如来を祀っている。一七三段の石段を上った境内からの展望も素晴らしく、西岸の山の中腹で開発が進む様子も見られる。

阿多野川の南には、森八幡神社が大きな杉木立の中に鎮座する。応神天皇を主祭神とする神社で、一四世紀創建と伝えられる。毎年二月一四日を中心に行われる「田の神祭り」は、国の重要無形民俗文化財に指定されており、地元では「花笠まつり」と呼ばれる。中世の風俗を伝え、厳粛で格式のある祭だそうで、一三日午前に訪れた時には舞台等の仮設・飾り付けの最中であった。

この周辺には、近年、面白い神社が創建され、人気を呼んでいる。一つは加恵瑠《かえる》神社で、蛙の鳴き声「ゲロ」と地名の「下呂」をかけて、縁起・開運・御利益の源の加恵瑠大明神を祭神としている。もう一つは、さるぼぼ七福神社で、足湯も併設される。さるぼぼは、飛騨地方に伝わる郷土人形・郷土玩具で、江戸時代から、子供の玩具として家庭で手作りされてきた。綿を芯にして、紅色の木綿の布で覆った簡単な作りで、その可愛さからさるぼぼ神社にお参りし、お土産に求めて帰る人も多い。なお、格好が猿に似ていることから「さる」と付けられ、「ぼぼ」は飛騨の方言で子供・幼児を意味するとのことだ。

下呂の温泉街を阿多野川沿いに上ること三〇〇メートルで、国道41号線に跨がれると、「湯のまち雨情公園」だ。昭和初期の歌謡詩人野口雨情《のぐちうじょう》が滞在して、「下呂小唄（駒井一陽作曲）」の歌詞を考えながら散歩した小径と言われ、河原や堤には彼の胸像や歌碑が点在している。

下呂温泉街

雨情公園から南に転じて五〇〇メートル、駅から一キロの台地中腹には下呂温泉合掌《がっしょう》村《むら》がある。白川郷等から移築した合掌造りの家屋一〇軒を集めた民家園で、飛騨地方の生活・民俗・歴史を再現している。中でも、旧大戸《おおど》家住宅は、一八三三～四六年に建築された茅葺き家屋で、国の重要有形民俗文化財に指定されている。釘を一本も使わない工法や、梁の太さなどに見る、飛騨の匠達が造り上げた伝統建築のすごさを眼前に見ることができる。村内では、紙漉き、陶器の絵付けなどを実体験できるし、影絵等も楽しめる。

旧下呂町

旧下呂町は、飛騨（益田）川流域にある温泉街を中心に形成された古い町である。一九二六年町制を施行し、五五年近隣の三村を吸収合併した。面積は、一九四平方キロメートルを擁するが、九〇％以上は山林であり、一万五〇〇〇人近くある人口が、年率〇・五％程度で減少している。

下呂温泉は、三〇年代の高山本線開通以後、急速に発展している。町をあげて観光産業に特化しており、第三次産業の就業者が六五％を超える。

下呂市

下呂市は、二〇〇四年三月一日、下呂町と金山・萩原・小坂の三町と馬瀬村が合併して成立した。岐阜県中東部、飛騨国南部、飛騨川上流域を占める都市で、八五一平方キロメートルの面積、三万四〇〇〇人の人口を擁する。市名については、形成する五町村が旧益田郡なので、「益田」とする案も強かったようだが、世界的な温泉である下呂を標榜して、国際観光都市として発展しようとの意気込みで「下呂」を採用したと言う。

下呂温泉を中心とする観光都市で、川・山・森林・滝等の自然に恵まれ、年間三〇〇万人を超す観光客が訪れ、外国人観光客も増加している。反面、山林が市域の九〇％以上を占め、人口は年率一％以上の減少を示す。

産業としては、旅館・ホテル・料理飲食店・土産物店等の観光業（第三次産業）が大半を占め、飛騨の匠を継承した家具製造等の工業もみられ、製造品出荷額は六五〇億円ほどある。農林業では、杉やヒノキの林業のほか、高冷地の気候を利用して、トマト・きのこ等の栽培や、コンニャク・飛騨牛等の生産が盛んになってきた。飛騨地方で食する食事は地産地消で、これらの新鮮な野菜が提供されるのは喜ばしい。

萩原

禅昌寺駅

下呂駅を出た高山本線は、すぐに上りにかかり、R302で右に曲がり、第六橋梁（延長一九三メートル）で益田川を西岸から東岸に渡る。切り立った両岸の間に挟まれて下呂の温泉街が群生しているように見える。第七橋梁（同一二九メートル）で再び西岸に戻る。ここが、旧下呂町と旧萩原町の境界である。この辺では、河川の方が蛇行して、鉄道の方が直進することが比較的多い。一六・七‰を交えて、一〇‰程度で上りながら北進する。眼下に瀬戸ダムを見て、第八橋梁（同一六一メートル）で益田川を東岸に渡ると、**禅昌寺**《ぜんしょうじ》駅である。

禅昌寺駅は、一九三一年五月九日、高山線萩原延伸の中間駅として、益田郡萩原町中呂（現・下呂市萩原町中呂）に開設された。駅間距離は五・二キロ、標高は四〇四メートルとなる。配線は単式ホーム一面一線だが、特急列車等の通過線が設けられており、事実上、複線となっている。無人駅で、駅舎はコンクリート製の簡素なものに改築された。乗降客は七〇人程度だ。

駅の名称は所在する市町村名またはその下の字名を採用するのが通常だが、当駅はこれによらず、近所にある仏教寺院・禅昌寺の名称を採用している珍しい例である。

禅昌寺は、禅昌寺駅の南〇・五キロ、萩原町中呂にある禅宗（臨済宗）の古刹で、九世紀建立とも伝えられる。一時焼失して荒廃したが、一六世紀初めに萩原郷の桜洞城主の三木直頼《なおより》と僧明叔によって再興された。広い境内には宋様式の大伽藍が建ち、樹齢一二〇〇年の大杉、美しい庭園の萬歳洞《ばんざいどう》で知られ、車窓からもその景色を眺めることができる。

飛騨萩原駅

禅昌寺駅を出た高山本線は、同駅の手前で再び一緒になった国道41号線と共に、益田川を西に見ながら北進する。一〇～一五‰の上り勾配が緩やかになったところで、飛騨萩原《ひだはぎわら》駅に着く。駅間距離は三・二キロで、標高は四三二メートルに達する。

飛騨萩原駅は、旧萩原町の玄関駅で、高山線の萩原延伸の終点駅として、一九三一年五月九日、益田郡萩原町萩原（現・下呂市萩原町萩原）に開設された。永い間、業務委託駅であったが、二〇一二年、地元商工会への簡易委託駅に変更された。

配線は二面三線式で、乗降客は一〇三二一人ある。特急列車〈ひだ〉のうち、下り三列

飛騨萩原駅

車、上り四列車が発着する。この際、下り上りとも、飛騨金山駅・下呂駅と同様に、改札口がある一番線に発着する。

駅舎は、開設時の落ち着いた木造建物だが、二〇〇六年に植樹祭が行われたのを機に、小修繕や塗装が行われ、真新しく見える。

駅名は、駅の所在する町名に由来し、萩原は、①萩の生えた野原、②萩の生えた野原を切り開いて村里をつくった場所、に由来するとの説がある。国鉄やＪＲの駅には「萩原」が見当たらないのに旧国名の飛騨を冠したのは、名鉄尾西線《びさいせん》萩原《はぎわら》駅が、一八九九年に愛知県中島郡萩原町（現・一宮市萩原町）に開設されていたからである。なお、あちらの萩原は、江戸時代、美濃路（二四ページ）の宿駅として発達し、明治期以降は毛織物工業の産地であった。

旧萩原町

萩原町は、岐阜県中東部、下呂市北部、飛騨川上流部に位置する旧町名で、益田郡に属していた。一九五六年、萩原町（一八九七年町制）と川西・山之口《やまのくち》の二村が合併して成立し、二〇〇四年に下呂市に合併された。

町域の面積は一四三・二平方キロメートルで、その九〇％を山林が占め、林業を主産業としてきたが、第二次大戦後は牛・豚・鶏等の畜産が盛んとなり、特に飛騨牛の生産が目覚ましい。人口は、一万一八〇〇人程度で、横這いを続ける。

萩原は、古代から東山道支路が通じ、江戸時代、そして明治・大正期には飛騨街道の宿場として栄えた。また、益田郡の郡役所が置かれ、政治・経済の中心地となった。高山線が開業すると、町内の南北全域一三・五キロの間に、禅昌寺・飛騨萩原・上呂・飛騨宮田《ひだみやだ》の四駅が開設された。

町内めぐり

◆諏訪城跡

飛騨萩原駅の改札口を出ると、益田川までの西斜面に市街地が広がる。駅前通りを五〇〇メートルほど下ると、左側のこんもりとした森林の中に、諏訪城跡がある。

諏訪城は、飛騨国領主の金森長近（後述）が豊臣秀吉の命により、一五八六年、築造した城である。戦国時代まで城の主流であった山城（山の頂上や中腹に城を築き、難攻不落を誇った）から平城（平地や低台地に築いた城）に転換する契機になった城で、貴重な建造物だと言う。本丸の石垣や柱の礎石、堀もそのまま残っている。本丸跡には諏訪神社（祭神・建御名方神《たけみなかたのかみ》）が建ち、龍が伏せたように枝が広がっている藤の木（臥竜《がりゅう》のフジ…県天然記念物）が植わっている。

◆萩原宿

飛騨萩原駅を降りて前の県道４３９号を西に三〇〇メートルほど行くと、南北に走る広い道に出る。この道は国道41号線で、かつての飛騨街道であり、萩原宿が置かれていた場所である。今は諏訪名店街と称し、天領朝市の会場にもなっている。格子窓の家屋、白黒の配色が美しい蔵屋敷が並ぶ蔵通り、明治時代の銀行建築、三五〇年の歴史がある造り酒屋、明治維新の梅村《うめむら》騒動(注3)の刀傷が残る陣屋……等々、往時の面影が随所に偲ばれる。

◆久津八幡宮

飛騨萩原駅から国道41号線を北に一・五キロ行くと、右側に久津八幡宮《くづはちまんぐう》がある。四世紀に、仁徳天皇の命により弟の難波子《なにわねこ》武振熊命が、両面宿儺（一五三ページ）を討って飛騨国を平定開拓した際、武運長久・国土平安を祈って建てられたと言う。応神天皇（広旗八幡大神）・天照大御神ら二二神を祀り、飛騨国二の宮として、広く信仰を集める。広い境内にある立派な社殿は、飛騨の匠の手により建築され、国の重要文化財建造物に指定される。本殿は一四一二年の建築で、三間社《さんげんしゃ》流《ながれ》造《づくり》柿葺《こけらぶ》きの豪壮な建物、拝殿は一五八一年の建築で、入母屋《いりもや》造《づくり》柿葺きの雄大な建物である。これらの建物に施された鶯《うぐいす》や鯉《こい》の彫刻も見事だ。また、境内には樹齢一五〇〇年と言われる夫婦《めおと》杉があり、国の天然記念物に指定される。私は今回の旅で、四月の桜、一二月の雪の時季に久津八幡宮を訪れる機会を得て、その素晴らしさに魅了された。

久津八幡宮

　久津八幡宮から西に向かって下ると、益田川の河川敷には飛騨川公園が広がる。七万平方メートルの大型多目的公園で、グラウンドゴルフ・サッカー・テニスなどの施設のほか、花壇も整備されて、四月には花見客で賑わっていた。

注3　梅村騒動　一八六八年、明治新政府によって高山県知事に任命された梅村速水《はやみ》（二七歳、水戸藩出身）が、飛騨の実情を理解しないまま、飛騨の人達を蔑視し、厳しい商業統制策・米の割当制の廃止等を実施した。これに対して飛騨の人達の不満が爆発し、高山市内をはじめ飛騨の各地で暴動が起こった。折から、京都出張から戻った梅村を萩原宿で待ち伏せていた三〇〇〇人の群衆が襲撃し、市街戦が展開された。その際、萩原宿の民家についた刀傷が残っており、今でも見せてもらうことができる。なお、梅村は逃亡後逮捕され、失政の責任を問われて獄死した。

上呂駅

飛騨萩原駅を出た高山線は、再び上り勾配がきつくなり、二〇‰も現れる。萩原の町中を通ってきた国道41号線が左後ろから近づくところが桜谷《さくらだに》橋梁で、右側の桜谷は桜並木に囲まれた桜の名所となっている。左下に飛騨川公園、右に久津八幡宮を見ながら、国道41号線と並行して、一〇‰内外の上り勾配で、北北西に進む。駅間距離四・一キロで、**上呂**《じょうろ》駅に着く。標高は四五七メートルに達する。

上呂駅は、一九三三年八月二五日、高山線飛騨小坂延伸の中間駅として、益田郡萩原町上呂（現・下呂市萩原町上呂）に開設された。相対式二面二線の無人駅で、乗降客は四三〇人程度ある。駅名は所在地の字名を採っており、その由来は下呂、中呂と同じである（一五九ページ）。駅舎は開設以来の木造で、ホームは駅舎より高い位置にあって、階段を上る必要がある。

上呂駅付近は、木曽の御嶽山の真西に当たり、その光景を見る最高の場所とのことだが、今回は丁度、霞がかかって見ることができなかったのが残念である。

上呂駅の北七〇〇メートル、上呂サイラノ地区の急斜面に「お美津《みつ》稲荷」がある。美女に化けることが得意のお美津狐の御堂を地元有志が建てた際、二匹の白蛇が現れたので、白龍山お美津稲荷と称し、全国に広まった。朱色の鳥居や狐が何重にも連なる光景は、なかなか壮観だ。私が訪れた一二月中旬の日では、これに雪の白さが加わって印象的であった。

雪化粧をしたお美津稲荷

飛騨宮田駅

上呂駅を出た高山線は、二〇‰も時折混じる上り勾配を北北西に向かって進む。華やかなのぼりに飾られたお美津稲荷の脇を通り、上呂駅から二・五キロ地点で、R400で右折して東に向きを変え、益田川を第九橋梁（延長一一一メートル）で左岸から右岸に渡る。両岸とも山が迫り、谷は深く、狭く、鋭くなってゆく。二〇‰で上った後、一日四・五‰の下り勾配があるが、すぐに二〇‰に戻り二キロほどで第一〇橋梁（同一五三メートル）で益田川を左岸に戻ると、間もなく**飛騨宮田**《ひだみやだ》駅に着く。駅間距離は四・六キロで、標高は四九七メートルとなる。

飛騨宮田駅は、一九五五年一〇月一日、高山線上呂―飛騨小坂間八・〇キロの中間駅として、益田郡萩原町宮田《みやだ》（現・下呂市萩原町宮田）に開設された。駅の配線は単式ホーム一面一線で、駅舎はなく、ホーム中央に四～五人が入れば一杯になる待合所があるだけだ。乗降客は一八〇人程度で、無人駅である。幅一メートルほどのホームはコンクリート板が張られているだけで、民家の屋敷や庭、そして畑に隣接していた。

高山本線全四五駅のうち、四一駅が開業当初に開設され、その後に開設されたのは四駅で、飛騨宮田はその一駅であった。また、列車の行き違い、追い越し、待避等を円滑に行うため、駅や信号場の配線は複線を原則としており、実に三九駅が複線化され、飛騨宮田のような単線の駅は例外で、六駅しかない状況である。

駅前に開業五〇年を記念する駅設置由来の碑が建つ。これによれば、上呂―飛騨小坂間の駅間距離が長いのに、宮田地区に駅が開設されずに不便であったことから、国鉄に開設を陳情した甲斐あって、二二年遅れながら五五年に実現できた喜びが記されている。

駅名は、所在の字名を採用しているが、宮田は、この辺に久津八幡宮の神田《しんでん》があったことに由来すると言う。旧国名の飛騨を冠したのは、飯田線に宮田駅（長野県）が既に存在したことによる。

小坂

飛騨小坂駅

飛騨宮田駅を出た高山線は、左折して北に向かい、第一一橋梁（延長一二七メートル）で益田川を左岸から右岸に渡り、小坂《おさか》町に入る。山岳路線が続き、右に左に曲がりながら、一〇～一六‰で上り続け、一瞬、平坦になり、眼下に小坂ダムが見えたところで**飛騨**

丸太小屋造りの飛騨小坂駅舎

小坂駅に着く。駅間距離は三・四キロ、標高は五一八メートルとなる。

飛騨小坂駅は、飛騨小坂延伸の終点駅として、一九三三年八月二五日、益田郡小坂町大島（現・下呂市小坂町大島）に開設された。配線は島式ホーム一面二線である。

駅舎は、丸太造りの山小屋風の建物で、御嶽山の飛騨側登山口の駅にふさわしい。駅舎とホームとは地下道で繋がっている。二〇一一年に無人化されたが、夏の登山時期等には駅員が臨時配置されるそうだ。小坂町の玄関口なので、特急〈ひだ〉のうち三往復が発着する。乗降客は二三〇人で、往時の半分に減少している。なお、一九三〇〜六〇年代には、林野庁の森林鉄道(注4)が、五路線計五三キロほども、飛騨小坂駅に乗り入れており、貯木場も設けられていた。
飛騨小坂駅を出ると、飛騨川の峡谷は益々狭まり、険しくなり、二〇‰の上り勾配を断続的に繰り返す。基本的には北進するが、R250～400の曲線で右に左に屈曲する。次の渚《なぎさ》駅との間に益田川を六回も右に左にと渡る。五番目の第一六益田川橋梁で、下呂市小坂町から高山市久々野町に入る。

注4　森林鉄道（略して林鉄《りんてつ》）　山林から産出した林産物（丸太・板材・角材等）の搬出を目的とする専用鉄道。日本では主として国有林からの林産物搬出のために、伐採現場と鉄道駅との間に、林野庁（営林局・営林署）が敷設した。高山本線沿線の林鉄は、名古屋営林局の所轄で、下呂・小坂・高山・荘川・神岡・富山の六駅に敷設された。

旧小坂町

小坂町は、岐阜県北東部、下呂市北端、飛騨川上流部、御嶽山西麓部に位置する旧町名で、益田郡に属していた。飛騨川と支流の小坂川に沿う林業の町で、町域二四七平方キロメートルの九六%が山林で、そのほとんどが国有林であり、林業や木材加工が主産業であった。

御嶽山の登山口としては、東側の木曽福島（長野県。中山道、中央西線）が代表的だが、小坂は西側、飛騨側の登山口となっている。中腹には湯屋《ゆや》・下島《したじま》・濁河《にごりご》等の温泉が湧いており、スキー場やキャンプ場もあって、自然を十分に楽しむことができる。

江戸期以来の小坂郷が、一八九八年に町制を施行して小坂町となり、一〇〇年余り後の二〇〇四年に、益田郡内の全町村が下呂市に統合された。旧小坂町の人口は、年率〇・五％程度減少を続けて四〇〇〇人ほどになっていた。小坂の地名は、①旧小坂郷の村名に由来する、②下呂市内は急傾斜地で、小坂・門坂・坂下・落合・大洞《おおぼら》・赤沼田《あかんた》等、サカの付く、またはサカに関連する地名が多いので、その代表例として小坂を採用した、との説があるが、判然としない。駅名に旧国名の飛騨を冠したのは、飯田線に似た名前の小坂井《こざかい》駅（愛知県）があることによるのだろう。

駅から北に五分、水力発電所近くの大島地区にある諏訪神社は、農業の神様である建御《たけみ》名方神《なかたのかみ》を祭神としており、ヒノキの寄木造りの狛犬が迎えてくれる。

岐阜県内（六）大野郡と高山市

高山市は、岐阜県の北部を占める旧飛驒国の中央部にある地方である。東に標高三〇〇〇メートル級の飛驒山脈、西に白山山地に挟まれ、その中央部の盆地・谷間から、分水嶺を挟んで南に飛驒川（益田川）北に神通川《じんつうがわ》（注1）（宮川・高原川）が流れ、高山市・大野郡の町村が形成される。

高山本線では、渚《なぎさ》駅（手前一・一キロ）から飛驒国府《ひだこくふ》駅（先二・九キロ）までの三五・七キロの区間が対象となる。標高五〇〇メートル以上の山岳路線を二〇‰の急勾配・Ｒ３００の急曲線で上りながら北進し、宮トンネルの南入口付近で高山線の最高所（標高七一四・一メートル）に達して、下りに転ずる。眼下に見えていた高山盆地に向かって一二キロ余を一気に下って、旧飛驒国の中心地高山に着く。

この区間は、地形・地質が複雑で、自然災害を受けることも多いので、建設工事も難航し、竣工が遅れていた区間である。起点の岐阜方から来た高山線と、終点の富山方から来た飛越線とが、一九三四年にようやく繋がり、高山本線として全線開業した最後の区間である。

注1 **神通川**　神通川は、飛騨山脈の川上岳《かおれだけ》（標高一六二六メートル）に発する宮川と、大丹生《おおにゅう》岳《だけ》（同二六九八メートル）に発する高原川が合流して神通川となり、北流して富山湾・日本海に注ぐ、延長一二六キロの河川。上流部には高山盆地・高山市があり、中流部には峡谷美の神通峡や神岡鉱山、そして下流部の扇状地は富山平野となり、水田地帯と富山市街を形成する。神通川沿いに、鉄道の高山本線、飛騨街道を継承した国道41号線が走る。中流部にはダムと水力発電所を建設・操業し、この電力と水を利用して、富山県内の工業化が進展した。

久々野

渚駅

飛騨小坂駅を出た高山線は、標高五〇〇メートルを超える山岳地帯を、R250～40

0で屈曲し、益田川を右に左に六回も渡りながら、二〇‰を含む急勾配で上り続ける。両側には森林や岩山が衝立《ついたて》のように切り立って、視界も狭まる。秋から冬にかけては夕日が沈むのが早く、かつ、速いことを実感できる。

飛騨小坂駅から五キロで下呂市小坂町から高山市久々野町に入り、同じく六キロで標高六〇〇メートルに達し、第一七益田川橋梁を渡ると、間もなく**渚**駅に着く。駅間距離は七・一キロ、標高は六一三メートルに達する。

渚駅は、一九三四年一〇月二五日、大野郡久々野村渚（大野郡久々野町渚を経て、現・高山市久々野町渚）に開設された。高山線と飛越線とを結合、開業した高山本線の中間駅として、渚―角川間の一〇駅（うち杉崎駅は開業後開設）が一挙に同時開設された（以下「同時開設」と言う）。

配線は相対式ホーム二面二線で、無人駅である。開設時の木造駅舎は、五～六人入れば一杯になるコンクリート製の円型駅舎に改築された。豪雪地帯なので、降った雪を屋根から降下させるために、駅舎の屋根は円形にしてある。

駅名は、所在地の字名を採ったが、渚は飛騨川の河岸で川波が打ち寄せる場所を意味するとの説と、計画を公示する際、「猪《いのしし》」と書くべきところを誤って「渚」と書いて公示したとの説もある。

駅の周辺に民家は少ないが、駅の北東六〇〇メートルの国道41号線沿いには道の駅「飛騨街道なぎさ」がある。また、南西一・五キロにある「女男滝《めおとたき》」は紅葉の名所とのことだが、一二月中旬に行った時は、丁度純白の新雪に覆われて、なかなか風情がある光景であった。

久々野駅

渚駅を出ても、R300～400で屈曲を繰り返しながら、一六～二〇‰の上り勾配を続けて北進する。益田川を右に左にと四回も渡る。最後の第二一橋梁で、美濃太田から一二〇キロ余同行してきた飛騨川（益田川）が右（東）に分かれ、遠ざかってゆく。代わって右下に集落が見えてくると、久々野《くぐの》駅である。駅間距離は七・三キロ、標高は六七六・四メートルで、高山本線最高所の駅だ。

久々野駅は、同時開設の一九三四年一〇月二五日、大野郡久々野村久々野（大野郡久々野町久々野を経て、現・高山市久々野町久々野）に開設された。配線は二面三線式で、旧久々野町の玄関駅として、特急列車〈ひだ〉も二往復が停車する。乗降客は二〇〇人で、二〇年前の三分の二に減少している。かつては町観光協会への業務委託駅であったが、二〇一二年に無人駅に格下げされた。一一年には、数人が入れば一杯となる簡素な待合室だけの駅舎に改築された。

旧久々野町

久々野町は、岐阜県北部、高山市南部にある旧町で、飛騨川上流域、大野郡にあった農林業の町である。町域一〇六平方キロメートルの九〇%以上が山林で、ヒノキ・杉の造林・生産が町の主力産業だ。明治期から第二次大戦ごろまでは馬産地であった。これを承継して、今日でも肉用牛の生産が行われ、飛騨牛として販売される。さらに、果樹（リンゴ・桃）、高原野菜（キャベツ・トマト）の栽培にも力を入れる。人口も四〇〇〇〜四二〇〇人で横這いを続ける。

町は、一九五四年に町制を施行し、二〇〇五年に高山市に吸収合併された。町名・駅名とも所在地の地名を採ったが、地名は、木の神様の久久能智神《くぐのちのかみ》を祀っていることに由来すると言う。

私は会計検査院に在職中の一九七〇年代に、久々野町を、林野庁の会計検査で訪ねたことがある。製材・加工・家具・合板等の木材業者の工場や商店が連なる町には、積み上げた丸太の山が並び、製材機械の回転音がどこからともなく響いてくる、活気あふれる印象であった。それに比べて今の町の状況は、活力を失っているように見える。林業・木材産業の活況の取り戻しが期待される。

◆堂之上遺跡

久々野駅の東一キロの里山の中腹にある堂之上《どうのそら》遺跡は、縄文時代の集落の跡で、国史跡に指定される。住居跡も三棟ほど復元され、遺跡公園として整備されており、近くに久々野歴史民俗資料館も建つ。秋の夕方に訪ねたので、西の白山の山々が夕日に赤く染まり始め、飛騨の谷底に薄闇が迫ったので、急いで久々野の集落に下山するしかなかった。

宮

飛騨一ノ宮駅

久々野駅を出た高山本線は、北北西に向かって、二〇‰で上り続ける。すぐに第一山梨川橋梁で、久々野町から宮村《みやむら》に入る。久々野駅から二・二キロ、岐阜起点から一二五・四キロ付近で、宮トンネル（延長二〇八〇メートル）に入る。宮トンネルの南入口がてっぺんで、標高は七一四・一メートルに達する。高山本線の最高地点であり、宮トンネルは当

飛騨一ノ宮駅　水無神社社殿を模した駅舎

線最長である。

高山線の建設工事は、山が高くなるにつれて厳しくなり、遅れがちであったが、宮トンネルについては、国の直轄事業として最新鋭の掘削機械を導入して施工されたため、工期を九ヶ月短縮できたと言う。宮トンネルからの湧水は、完成後、飲料水や農業用水として宮地区や高山盆地を潤している。

宮トンネルに入ると、休む間もなく下り勾配に転じ、北西に向かって直進し、一八‰で下る。宮トンネルの出口では一挙に標高が六八〇メートルまで下がる。出ると二〇‰で下りながら、R250の急曲線で右に旋回し、第一七宮川橋梁(注2)で宮川(注3)を南岸から北岸に渡り、北東に向かって**飛騨一ノ宮**駅に着く。駅間距離は六・三キロで、標高は六四六メートルまで下がる。

飛騨一ノ宮駅は、同時開設の一九三四年一〇月二五日、大野郡宮村山下（現・高山市一之宮町）に開設された。太平洋に向かって南に流れていた飛騨川流域から、分水嶺を越えて日本海に向かって北に流れる神通川流域に変わった最初の駅である。配線は二面三線式で、旧宮村の玄関駅として、往時は貨物輸送も行っていたが、現在は、普通列車のみが停車する無人駅となっており、乗降客は九〇人程度である。

駅名は、村名・字名の宮から採り、宮はこの地に鎮座する飛騨国一の宮の水無《みなし》神社に由来する。旧国名の「飛騨国」を冠したのは、日本の各地に「一の宮」が存することによる。また、駅舎の正面は、この水無神社の社殿を模している。

飛騨一ノ宮駅から前方（北方）を見ると、高山本線と宮川と国道41号線が一緒になって下ってゆく情景が見られ、その先には高山の市街が展開する。まだまだ中低層のビルが中心のようだが、大鳥居や五重塔も見える。秋冬ともなると、高山の右奥に飛騨山脈、左奥には白山山脈が高山の市街を囲い込む。霞んで見えない時もあるが、九〇キロ以上先の富山市街、富山湾を望むこともできる。

注2　第一七宮川橋梁　橋梁やトンネルの番号は、原則として、建設時の順番により付けられ

る。この橋梁番号は、飛越線建設時に付けられたもので、終点の富山方が第一となっている。

注3　宮川　飛騨山脈の川上岳《かおれだけ》（標高一六二六メートル）の北側に発し、ほぼ北流し、高山盆地・古川盆地を流れ、北へ向かって富山県に入り、北西流する高原川と合流して神通川となり富山湾に注ぐ、延長八〇キロの河川。渓流・峡谷の景観とダム・水力発電所が連続する。

旧宮村

旧宮村は、大野郡の中部、高山市の南隣、宮川の上流域にある山村だ。村域五一・九平方キロメートルの九〇％以上が山林で、林業・木材工業が主産業であり、高原野菜、畜産にも力を入れている。人口は二六〇〇人程度で微減傾向である。

村名は、大和時代（六世紀）に創建された飛騨国一の宮の水無神社が鎮座することに由来する。水無神社がある集落を「宮」と呼び、同じく村を「宮村」と言い、ここを流れる川を「宮川」と称する。

大野郡は、旧高山市を含む飛騨国中央部を指す郡名で、八世紀半ばから見られるとのことだ。山岳地帯に大野の名は適さないとの説もあるようだが、山岳地帯であればこそ、狭い平地や野原でも重要視する地元の人達の願いが込められた名ではなかろうか。
一八八九年、村制を施行したが、二〇〇五年、高山市に吸収合併された。
宮村の村内をめぐると、面白い史跡が多いことに気づく。

◆水無神社

飛騨一ノ宮駅の南西五〇〇メートルに鎮座する水無神社は、六世紀に創建され、八世紀には飛騨国一の宮に列せられたという格式の高い神社である。祭神の御歳大神《みとしのおおかみ》は、穀物、特に稲作の稔《みの》りを司る神であり、「水無」は農耕に不可欠の水を司る神、「水主《みずぬし》」から来ているようだ。また、拝殿の北西にそびえる位山《くらいやま》をご神体としている。境内には左甚五郎《ひだりじんごろう》作と伝えられる神馬《じんめ》もある。

境内や社殿はうっそうとした叢林に囲まれており、敬虔な気持ちにさせてくれる。四月上旬に行った時には、軒下に背丈高以上の雪が積もっていた。

◆位山

位山は、飛騨一ノ宮駅の南西六キロ、下呂市萩原町と高山市一之宮町の境にある標高一五二九メートルの山である。飛騨国の中央部にあって、太平洋側と日本海側との分水界（嶺）を形成する。さらに、飛騨国を南飛騨と北飛騨に区分する山地の一峰でもある。

この山にはイチイ（櫟。アララギとも言う）の木が群生している。このイチイを材料として、神事に使う笏《しゃく》を作って宮中に献上したところ、「一位」の位を賜ったことから、この山を「位山」と呼ぶようになったと伝えられる。位山は、平安時代の貴族達からあこがれの山として関心を集め、多くの和歌に詠まれ、歌枕にもなった。

さらに、位山には古代の東山道飛騨支路を承継した位山官道、さらに承継した県道98号線（宮萩原線）が通っている。位山官道は、萩原の北約四キロの上呂（一七一ページ）付近から、現在の国道41号線（飛騨街道）の西二〜五キロの位置を北に直進し、位山の山裾を通って高山に通ずる古道（延長約三〇キロ）であった。米の収穫が少ない飛騨国では、税金を米で納める代わりに、技術・技能で納入する方法が採られた。木工や建築の匠や匠丁《しょうてい》（下級技術者）は、徴用されて京都に連れて行かれ、皇居や寺院等の造営に従事した。当時は現在の飛騨街道が整備されていなかったので、この位山官道が利用されたが、後述の野麦峠（二二九ページ）と同様、険しい山道であったと言う。

位山には原生林が至る所に広がり、巨石群も見られる豪快な山で、国際規格に合格したスキー場のモンデウス飛騨位山スノーパークやキャンプ場も賑わっている。

◆大幢寺

飛騨一ノ宮駅の北裏手に建つ大幢寺《だいとうじ》（曹洞宗）には、樹齢一〇〇〇年・高さ二〇メートル・幹周囲七メートル余の臥龍《がりゅう》の桜がある。幹や枝振りの格好が龍が伏した姿に似ていることから、この名が付けられた。国の天然記念物にも指定される。宮村では、立村一〇〇周年の記念事業として、この周辺に多数の桜を植えるなどの整備をして、臥龍公園として開園させた。

私は四月上旬、小雪がパラつく日に臥龍公園を訪れた。村や観光協会の人達が、翌日から始まる桜祭の準備をしていたが、臥龍の桜の蕾は赤く丸くなっており、本格的な春の訪れも近いことを感じさせてくれた。

高山

高山駅

飛騨一ノ宮駅を出た高山本線は、高山盆地に向かって再び下り始める。勾配は二〇‰を時折挟むが、一〇‰前後の緩やかなものとなる。駅から二キロほど北東に進み、第一六宮川橋梁を渡ったところで、旧宮村から高山市に入る。一キロほど行って第一七宮川橋梁を渡ると、北北西に向きを変える。これまで一緒に北進してきた三路は分離し、国道41号線は高山バイパスとなって西に、宮川は東側の高山市街の中心部に、高山本線は市街地西端にと、約一キロの間隔で分かれてゆく。国道158号線（福井市―松本市）に跨がれると、美しい町並みが右側に、高山駅の構内が前面に広がる。飛騨一ノ宮からの駅間距離は六・九キロ、起点岐阜からは一三六・四キロの位置にあり、標高は五七三・六メートルで、宮トンネル入口の最高点から約一五〇メートル下がったことになる。

高山駅は、一九三四年一〇月二五日、大野郡大名田町《おおなだ》〈高山町隣接〉現・高山市昭和町一丁目）に開設された。岐阜方から来た高山線と富山方から来た飛越線とが結合し、高山本線が全区間開業した。そして、渚―角川間の九駅が同時に開設された（後に杉崎駅が開設）。位置は高山の市街地の西端である。高山線は一九年に着工され、二〇年に最初の岐阜―各務ヶ原間が開業して以来一五年もかかっての開業で、飛騨や高山では、永年の夢・希望が実現して、「陸の孤島」状態が解消され、大喜びであった。これを契機に、高山本線は、「東海道線の部」から独立して、「高山線の部」を設立し、同部の核となっている。

以来八〇年余、高山駅は、飛騨国高山市の玄関駅、「小京都」と呼ばれる高山、奥飛騨、白川郷などの観光拠点としての役割を担ってきた。さらに、高山本線の中心駅として多量の旅客・貨物を取り扱う拠点となると共に、運転上も、車両基地を設置し、列車の折り返し・分離・併合が行われる。

高山駅の配線は、島式一面・片面式一面の二面三線式で、両ホームと駅舎とは地下道で結ばれている。特急列車、普通列車とも全列車が停車する。特急列車は乗降客の便利を考えて、上り列車・下り列車とも駅舎がある東側の一番線からの発着を原則としている。普通列車は、上り・下りとも二〇本で、うち高山駅の前後を通じて運転されるのは四本であり、残り一六本は高山駅を始発または終着として折り返してゆく。一方、特急列車では、上り・下りとも一〇本で、うち名古屋・岐阜から来て高山駅を始発または終着として折り返すものが五本あり、高山を通って富山方面に向かうものが五本ある。この五本も富山まで行くのは四本の各三両のみで、残りの各三〜五両は高山駅で分離または併合される。

こうして折り返し、分離した車両を留置しておく設備が必要となり、三番線の西側に八線、一番線の東側に二線の留置線が設けられている。西側の留置線地域は、蒸気機関車時代に機関車等が配置されていた高山機関区の跡地であり、扇形をした機関庫・転車台・貯水槽等も設置されていた。さらに西に隣接して、貨物駅・貯木場・職員宿舎等も設けられていたが、その後縮小され、留置線以外は処分されて有効活用されているところも少なくない。

高山線で運転され、高山駅に留置される車両（気動車）について検修を行い、運転士等の乗務員が所属する機関として、高山運輸区が設置されている。高山運輸区には所属する車両はないが、特急列車用のキハ85系の車両はＪＲ東海の名古屋車両区に、普通列車用のキハ40系・キハ11系は同じく美濃太田車両区に所属している。

この処分地の一画と飛驒体育館跡地を昭和児童公園、通称、ポッポ公園として整備し、西北方向から高山の駅や市街を見下ろす小高い丘には、旧高山線で往年活躍した蒸気機関車19648号機（一九一七年製）(注4)と旧高山客貨車区に配置されていたラッセル車(注5)キ132号（三四年製造）が静態保存されている。

高山駅の駅舎は、一番線ホームに接して建てられ、東正面に高山の市街と向き合う。駅舎は、高山本線の全通した一九三四年に建築され、部分的な補修はあったものの、当初の姿を八〇年間も保ちつつ使われてきた。

建物は、洋館の事務所風で、二階建て、左右対象、モルタル造りだ。薄い黄色の落ち着いた建物は、飛驒の中心都市、緑に恵まれた山国の観光都市、小京都を思わせる文化都市等の玄関駅の象徴としてふさわしい。私も一九六〇年代に来た時から好きな駅舎の一つで

南跨線橋から見た高山駅構内

高山駅の旧駅舎（1934 ～ 2014 年）

あった。

駅舎内では駅弁が売られているが、高山本線では他に岐阜・美濃太田・富山の三駅でしか売られていないだけに有り難い。ほうば巻鯖《さば》寿し、飛騨牛入ほう葉みそ弁当(注6)、開運さるぼぼ弁当等一〇種ほどあるが、地方の特産品を材料にした郷土料理であり、旅情をなぐさめてくれる。また、売店でも、飛騨産の菓子・食品等を沢山並べており、夕方に売り切れていた品物を翌朝八時前までには取り揃えてくれるなど、親切な対応が印象に残る。

駅前広場にはタクシーが連なり、道路を挟んで土産物店が一〇軒ほど並び、市街は駅の東面一・五キロ四方に集中し、市役所・警察署・郵便局等も駅から数百メートルの位置にある。駅と並んで市営の観光案内所があって親切に対応してくれるし、バスセンターもある。高山バスセンターでは、東京・名古屋・岐阜・金沢等への高速バス、奥飛騨温泉・乗鞍・穂高・白川郷等へ向かう路線バス・定期観光バス等が発着する。高山駅は、こうして飛騨地方の交通の結節点となっている。

高山駅の駅舎は開設後八〇年を経過して、使い勝手の悪さや損傷箇所も見られること、また駅の西口がないために、東西の連絡が駅から数百メートル離れた踏切・地下道・跨線橋等に頼る状況であった。そこで、高山市では、駅周辺土地区画整理事業を計画し、駅舎を改築して橋上化し、東西を連絡する自由通路を設け、駅の西口を建設し、その周辺を整備することにした。二〇一四年秋、高山祭と開設八〇周年を終えた一〇月下旬から、駅舎の取り壊し工事に着手し、その後仮設駅舎で営業されているが、一六年秋には新駅舎が竣工する予定である。飛騨の拠点として、新しく、素晴らしい駅舎ができることを期待したい。なお、駅の東正面の出入口や駅前の道路は自動車の交通量が多く、今回の旅で私も横断するのに危険を感じたことも何度かあるので、交通安全のためにも信号機を設置してもらいたいと思う。

高山駅の乗降客は三〇三〇人で、高山線の駅では岐阜・富山・美濃太田駅に次いで第四位、中間駅としては美濃太田駅（一〇〇ページ）に次いで第二位の多さである。だが、三〇年前の五六〇〇人に比べると三割以上減少している。

一方、高山市の観光客は年間三七七万人を数え、その二二％が鉄道利用と報じられている（『JR全駅・全車両基地48号　岐阜駅』）。北陸新幹線の金沢開業（後述）と外国人観光客で、今後、沿線外からの高山線乗降客の増加は期待されるが、それと共に、沿線の地元住民の利用増加を図ることが必要であろう。

高山駅の駅名は、所在する町名の高山を採ったが、厳格には開設当時では、高山駅は高山町に西接する大名田町にあった。

注4　**蒸気機関車19648号機**　大正時代に量産され（七八四両）、「キューロク」の愛称で親しまれた蒸気機関車。四動輪の前後に一補助輪を付けた貨物機関車だが、牽引力が強いことから、高山線のような山岳路線では旅客用にも使用された。番号の1は区分、次の9600は形式、48は製造番号を示す。

注5　**ラッセル車**　くさび形の鋤《すき》を前面に備え、雪を排除する車両。

注6　**ほう葉みそ**　高山付近で、朴《ほお》の枯葉に味噌を載せて焼く料理。元来は樵《きこり》が山で食事をしたことに発祥し、山国の冬の家庭料理として普及し、今日では高山料理の代表とされる。高級ステーキ・すき焼にも使われる。また、**赤カブ**は飛騨の丘陵地で栽培される大型・赤色のカブで、酢漬けにして保存食としたり、料理の添え物としても利用される。

旧高山市

高山市は岐阜県北部、飛騨地方の中央に位置し、周囲を三〇〇〇メートル級の山々に囲まれ、北流する神通川（宮川）、南流する飛騨川の水源地でもあり、標高五〇〇～六〇〇メートルの山岳都市として発展した。

高山は、堂之上遺跡（一八三ページ）にみるように、縄文時代から定住が進められ、集落も各地にできて大きくなり、やがて大和朝廷の支配下に入り、八世紀中葉には飛驒国分寺も建立された。飛驒は山里で森林・木材資源に恵まれ、これを利用して加工・組立等を行う技術が著しく発展し、これらの技術を磨いた「飛驒の匠《たくみ》」を輩出した。税金を金納や物納する代わりに、匠の技術で納入することが認められ、彼らは奈良や京都の宮殿・門・寺院等の造営に従事した。

平安時代から戦国時代にかけて、飛驒はまとまりがなかったが、一六世紀中葉に三木氏が実権を握った。やがて三木氏が豊臣秀吉の怒りを買い、代わって秀吉の武将金森長近が三木氏を攻めて飛驒を制圧した。一五八六年、金森長近は飛驒国三万三〇〇〇石の国主となり、その後六代、一〇七年間にわたって統治した。金森氏は、高山城を築城し、今の高山市街となる城下町と寺院を整備し、飛驒街道等を建設し、京文化の導入にも努めた。

江戸幕府では、飛驒国の森林資源と鉱物資源に着目し、一六九二年、同国を幕府直轄地（天領《てんりょう》）とし、高山城を取り壊し、代官または郡代を置き、陣屋を設けて統治したが、これにより江戸文化も流入された。代官・郡代は二〇代続き、米・塩・生糸等の商売で高山商人は繁栄したが、山村の生活は貧しく、厳しく、大原騒動のように圧制に対して農民一揆が起きたこともあった。天保《てんぽう》の飢饉では領内で救済措置を講じたり、陶器や養蚕を奨励して善政を敷いた人物もいた。

明治維新後、廃藩置県で飛騨国は筑摩《ちくま》県を経て、一八七六年、旧美濃国に併合されて岐阜県となった。一方、高山の古い町並みである高山一之町村・二之町村・三之町村の三村が一八七五年に合併して高山町となり、一九二六年に灘村、三六年に大名田町と合併して高山市が誕生した。四三年に上枝《ほずえ》村、五五年に大八賀《おおはちが》村と合併し、この市域が五〇年近く維持された。

旧高山市の面積は一三九・六平方キロメートルで、人口は六万六〇〇〇人を超え、年率〇・二～〇・三％で微増していた。市域の九二％が山林だが、高山盆地では稲作も盛んになり、高原野菜・飛騨牛の生産で農業生産額は七七億円ある。工業製品出荷額も、日本酒（八銘柄）・地ビール等の食品、木材家具・一位一刀彫《いちいいっとうほり》等で七二二億円を数えた。

高山の地名は、中世以来の地名で、一六〇五年頃、国主の金森長近が市街東南の丘陵地に城を築き、この一帯を天神山・多賀山・高山・城山と称し、一六九五年の廃城後も親しまれたことによると言う。

また、高山が「小京都」と言われるのは、四方を山に囲まれた自然景観、河川、ここでは宮川（京都では鴨川）の両岸に伝統的建造物群が立ち並ぶ古い町並み、碁盤目状の整然とした町割り、白壁黒瓦の寺社建物等、京都に類似しているからである。

新高山市

従来の高山市が中核となって二〇〇五年二月一日、近隣の九町村を吸収合併して、新しい高山市が誕生した。合併された町村は、大野郡の久々野町と丹生川《にゅうかわ》・清見・荘川《しょうかわ》・宮・朝日《あさひ》・高根《たかね》の六村と、吉城《よしき》郡の国府《こくふ》町と上宝《かみたから》村である。この結果、新しい高山市の面積は一五・六倍の二一七七平方キロメートルに増大し、東京都とほぼ同じ面積で、日本一広い市となり、平成大合併（注7）の目玉とされる。新しい高山市は、東部は標高三〇〇〇メートル級の山が連なる飛騨山脈で長野・富山県に接し、西部は標高二〇〇〇メートル級の山が集まる両白《りょうはく》山地で富山・石川・福井県に接し、中央部の分水嶺で分けて南に向かって飛騨川、北に向かって神通川が流れ、串刺し状に集落ができ、中でも高山市街が広大な輝かしい位置を占める。中央の河床《かわどこ》と周囲の山々との間には三〇〇〇メートル近くの標高差があるので、高山は立体感のある都市となっている。

新しい高山市の面積は旧市の一五・六倍に拡大したことから、高山駅から市の外縁部までの距離は、東部も西部も、直線で三〇～五〇キロあり、実際の道路は未改良で勾配・曲線が激しい区間も多く残っているので、実際の距離は、この一・五～二倍に達するとみられ、路線バスでは九〇～一一〇分ほどかかる。路線バスの運行本数は日に数本で、冬季の積雪時期には運休となる。西部には名古屋方面から来た東海北陸自動車道が旧清見村まで延伸してきているが、東部には合併の前後でも交通体系には別段の変化は見られない。

この合併により新しい高山市の人口は、従来よりも四〇％増加して九万二七四九人となった。だが、人口増減率は年率〇・二％増から〇・七％減に転じ、老齢人口比率も二〇・七％から二七・〇％に上昇するなど、人口面では厳しい状況にある。財政力、経済力、雇用、生活・環境の面では伸びてはいるが、その数値や伸び率は旧市を下回っており、「住みよさランキング」でも、総合八位から七三位に低下している。

このように、高山市の合併による成果は十分に表れていないようだが、高山そして飛騨には優れた伝統的文化・経済の蓄積があり、「心のふるさと飛騨高山」としての絆は強く、自然環境にも恵まれている。飛騨山脈の山岳地帯も市域に吸収して、観光資源として活用しようとする意欲もあふれている。地場産業を育成して雇用を確保し、市民が主人公のまちづくりを進めると共に、さらなる観光客の誘致が期待される。

注7　平成大合併　地方分権の推進、高齢化・多様化する住民ニーズ・生活圏の広域化への対応、効率性の向上のために、市町村の合併を促進・援助する合併特例法を制定し、この法律に基づき、一九九九～二〇〇五年に推進された市町村合併。この結果、全国の市町村数は約三二〇〇から約一八〇〇に減少した。

高山市街

◆国分寺

　高山駅を出ると、目前に高山の市街が展開する。碁盤の目状に区切られた街路（国分寺通り）を北東に五〇〇メートルほど行くと、総和町に国分寺（真言宗）がある。八世紀半ば、大和朝廷が各国に建てさせた国分寺の一つで、飛騨国分寺である。当時の飛騨国分寺は焼失したが、その礎石が境内から発見され、跡地に現在の国分寺が、薬師如来を本尊として室町時代に建立された。本堂は国重文に、境内は国史跡に指定される。本堂の前に樹齢一二〇〇年以上と言われる大イチョウ（国天然記念物）がそびえる。また、一八二一年建立の三重塔も立派である。

　国分寺の北四〇〇メートルの神田町には、うっそうと茂

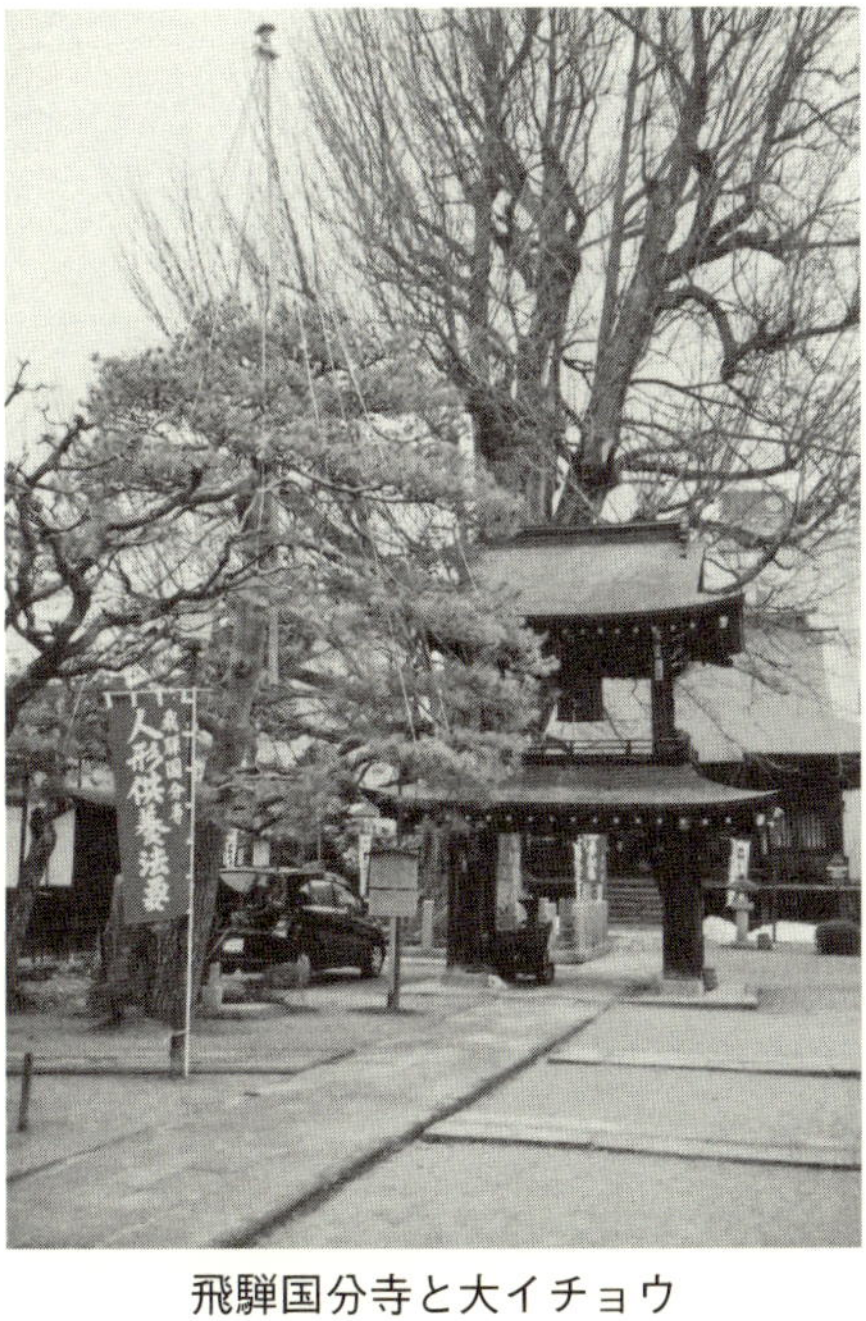

飛騨国分寺と大イチョウ

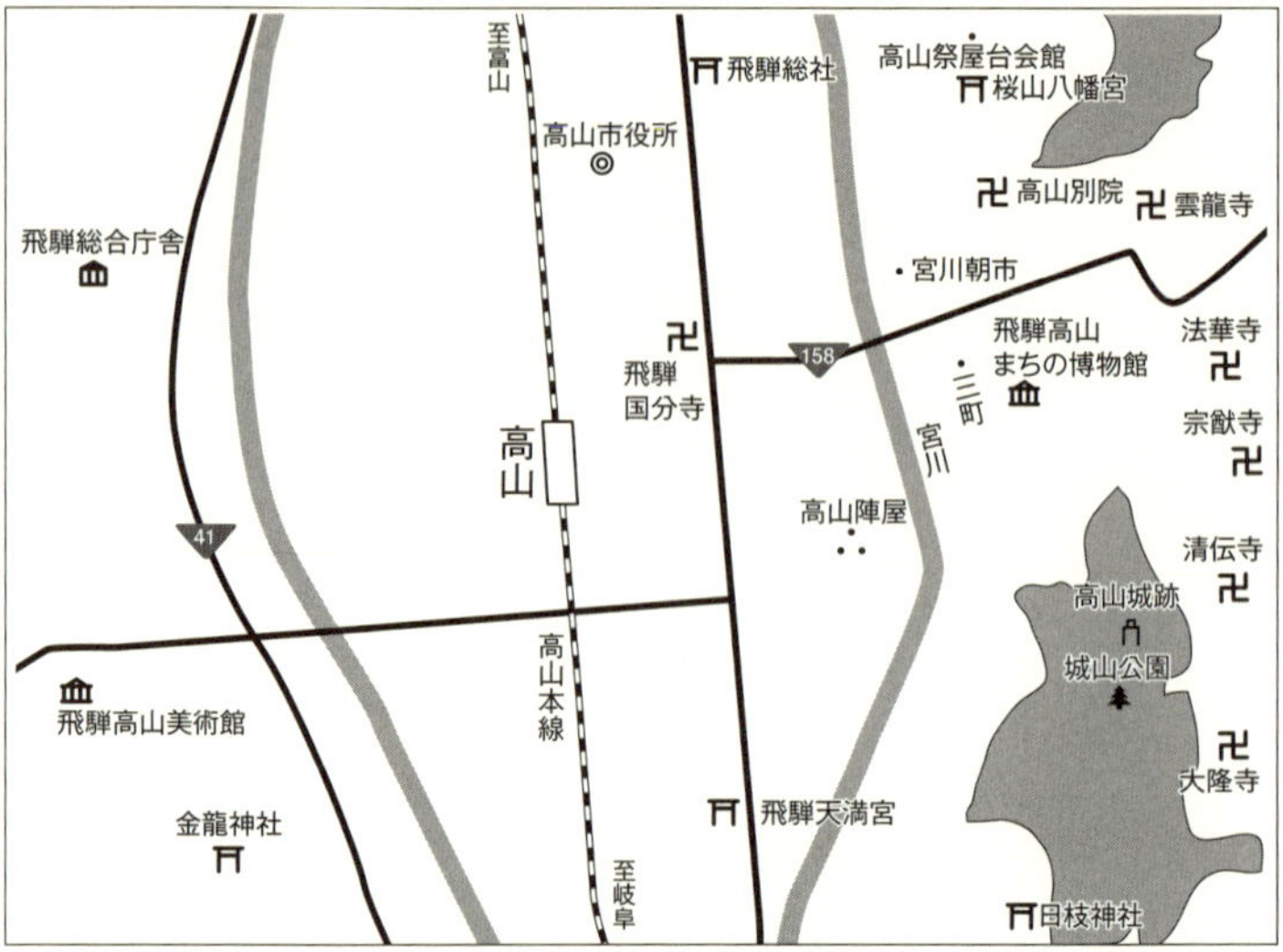

第５図　高山市の市街図

る杉木立の中に、飛騨総社が鎮座する。飛騨国一八社の鎮守の神々が一堂に集められた総鎮守で、一一世紀に創建されたと伝わる。普段はひっそりとしているが、五月の総社祭では、古式行列や親子獅子舞も出て賑わうと言う。

◆高山陣屋

高山駅の東五〇〇メートル、宮川の左岸近くの八軒町に高山陣屋跡がある。高山陣屋は、天領の時代に、江戸幕府から派遣された代官・郡代が執務する役所で、飛騨国の統括を行った場所だ。明治期以降も筑摩県高山出張所庁舎・大野郡役所・岐阜県飛騨支庁庁舎として一九六九年まで使用された。

陣屋は、江戸初期の藩主金森氏の向屋敷（下屋敷）の跡地に建てられ、その後一七二五年、一八一六年と数度改築がなされ、さらに一九七〇年から一九九六年にかけて改修事業が行われ、高山陣屋が江戸時代の姿に復元され、国史跡にも指定される。玄関門や大広場にみられる重厚な建築美は、飛騨の匠の技が伝承されていると言えよう。

◆三町

高山陣屋を出て、朱塗りの中橋《なかばし》で宮川を東（右）岸に渡ると、高山の市政に関する資料を展示する高山市政記念館がある。建物は一八九五年に建てられた旧高山町役場で、高山にガラスが導入された最初であったと言う。

高山陣屋

三町《さんまち》、または三町筋《さんまちすじ》は、宮川の東側に、川と並行して北に向かう三本の町筋を言い、東から順に一之町・二之町・三之町と名付けられた。延長は中橋から鍛冶橋《かじばし》までの約四〇〇メートルほどある。鍛冶橋を通る安川通り（国道158号線、国分寺通りを継承）には「古い町並み　上三之町」の木柱が立っている。

三町筋は、一六世紀末、藩主金森氏が高山城の築城にあわせて城下町として造成され、天領の時代に、宮川と支流の江名子川《えなこがわ》に囲まれた一帯に商業地域として拡大された。

三町筋の中を見ると、道筋の両側には造り酒屋、味噌醤油屋、菓子屋、漬物屋、飲食店、居酒屋、美術商、衣類店……等々、

三町（三町筋）

各種の店舗がギッシリ詰まっている。格子窓や白壁の土蔵も見られ、江戸時代に逆戻りした感がある。道には観光客があふれ、買い物をするにも時間がかかるほどの賑わいだ。小さいながらも特色のある博物館や美術館も点在していて、文化の香りも漂う。三町は伝統的建造物群保存地区に指定されている。

◆宮川朝市

宮川朝市は、鍛冶橋から弥生橋までの宮川の右岸沿い約三五〇メートルにわたり開催される市場である。江戸中期から始まり、四〇〇年の伝統を有し、明治中期に今日の形に整備されたと言う。

朝の六～一二時に開催され、年中無休である。固定店舗もあるが露店も五〇店以上

宮川と宮川朝市

が参加し、朝採りの野菜や果物、自家製の漬物・煮物・餅等を販売している。新鮮なものを安く買えるので、地元の人々や観光客にも人気で、客が朝早くから集まってくる。生の山菜は、今日では加工して付加価値をつけて売るため入手が難しいが、今回の旅では朝市で入手することができた。

なお、高山陣屋前の広場でも朝市が開催されている。

◆高山城跡

高山城は、高山市街東南の丘陵地（城山）に、当時の藩主金森長近が一五八八年頃に築いたものだ。一六〇〇年頃までに完成した本丸・二の丸・三の丸に加えて濠もある平山城《ひらやまじろ》として優れた城であったが、六代の居城の後、金森氏が転封されると、一六九五年、この城は幕命により取り壊された。現在は礎石や石垣の一部が残るのみで、城山公園として整備されている。新緑や紅葉の美しい公園で、金森長近の馬上像も建っている。

城山の東中腹にある照蓮寺《しょうれんじ》（浄土真宗）は、元来は荘川村にあって、白川（中野）御坊《ごぼう》と言われた寺で、一九六〇年、御母衣《みぼろ》ダム（注8）の建設に伴い、現在地に移転してきた。なお、この寺は、一七世紀初めに建立され、本堂は国重文となっている。

城山から北に向かって桜山八幡宮に至る丘陵地帯は、東山寺町と呼ばれ、一〇余の寺院の大きな建物が並び、江名子川畔には東山遊歩道ができている。

◆高山祭

高山祭は、春の日枝《ひえ》神社の例祭（山王《さんのう》祭）と秋の櫻山《さくらやま》八幡宮の例祭とからなり、春は四月一四、一五日、秋は一〇月九、一〇日に開催される。起源はハッキリしないが、藩主となった金森氏が一七世紀初めに、高山の城下を安川通りで南北に分け、南半分の鎮守を日枝神社、北半分の鎮守を櫻山八幡宮と定めて、春の祭を日枝神社、秋の祭を櫻山八幡宮の担当としたことに始まり、四〇〇年の歴史を誇る。高山祭は、京都の祇園《ぎおん》祭、秩父《ちちぶ》の夜祭と並ぶ日本三大美祭にあげられる。

日枝神社は、高山駅の南東一・五キロ、城山の南麓に鎮座し、大山咋神《おおやまくいのかみ》を祭神とする。金森長近が一七世紀初めに日吉山王神社を現在地に移して鎮守としたことに始まると言う。朱塗りの鳥居をくぐり、杉の巨木に覆われた参道を二〇〇メートルほど登ると境内が開け、飛騨の匠が技を込めた社殿が建ち、厳粛な気分になる。拝殿の前には推定樹齢一〇〇

高山祭　春まつりの日枝神社

○年の大杉（県天然記念物）が茂っている。

一方、櫻山八幡宮は、高山駅の北東一・五キロ、桜町にある。難波根子武振熊命が応神天皇を祭神として、必勝祈願のため、四世紀に建立したと伝えられ、一七世紀に金森重頼が社殿を再興した。現在の社殿は一九七六年に再建したもので、総桧造りである。本殿のほか、境内には、勝利・学問・厄除け・火伏せ・商売の五つの神を祀る境内社（末社）がある。

高山祭の行事は、屋台を使って市街を巡行する、次の五つの行事の組み合わせで成っている。

①御神幸《ごじんこう》（祭行列）――裃《かみしも》姿《すがた》（江戸時代の武士の正装）をまとった数百人の行列が、氏子町内を一巡する（初日午後、二日目午前・午後）

②からくり奉納――八幡祭では、八幡宮の境内で、布袋台《ほていだい》のからくり人形が踊りと寸劇を奉納する（初日、二日目の午前と午後各一回）

③屋台曳《ひ》き揃《そろ》え――祭中、他の行事に参加する以外の時間には、八幡宮の表参道に、布袋台を除く九台の屋台が曳き揃えられて整列して駐車する（布袋台は八幡宮境内に置かれる）

④屋台曳き廻し――屋台のうち数台を選んで、氏子町内を巡行する（初日午後）

高山まつり　秋まつりの屋台曳き揃え（桜山八幡宮）

⑤宵祭《よいまつり》――秋の夜空を背景に、沢山の提《ちょう》灯《ちん》を灯した屋台（全一〇台）が、氏子町内を一巡した後、それぞれの屋台蔵へと帰っていく（初日夜）

なお、八幡祭の行事を終えた屋台は、町内を通って、それぞれの屋台蔵へと戻る（二日目夕方）。

高山祭の屋台は、山王祭で一二台、八幡祭で一一台（当時、一台は修理中）が使用される。いずれも豪華絢爛な装飾を施された屋台には、それぞれに精緻かつ特徴ある細工が施されている。そこには木工・彫刻・漆・鍛冶・飾・織物・意匠等に関する飛騨匠の技術と心意気が込められている。

私は、かねてから高山祭を見たいと思っていたが、今回の旅で初めて、二〇一四年秋の八幡祭を堪能できた。四〇〇年間にわたって飛騨の人達が育んできた文化の豊かさ、その深さに感動を覚えた。八幡祭が済むと、飛騨では秋が急に深まり、紅葉も進んでくる。なお、山王祭については日程が合わず、訪れることができなかったが、その数日前後に行って祭の雰囲気を感ずることはできた。山王祭の時期には桜が丁度満開で、春の訪れを喜べる時季のようだ。

櫻山八幡宮の境内には、高山祭屋台会館があり、八幡祭の屋台の一部を入れ替え展示し、屋台の製作工程も見せている。隣の飛騨高山獅子会館からくりミュージアムでは、からくり人形の様々な形態を紹介し、全国各地から集めた獅子頭三〇〇点を展示する。

近くには、古くて大きな民家が多い。駅北一キロの大新町《おおしんまち》にある吉島《よしじま》家住宅は、豪商吉島家の住宅で、飛騨の名工・西田伊三郎が、江戸時代の建築様式で、一九〇八年に再建したものである。隣の日下部《くさかべ》家住宅も、天領時代の豪商（金貸業、両替商）で、名工・川尻治助が一八七九年に建築したもので、現在は民芸館として開放されている。どちらも国重文に指定されている。また、市街に戻ると、「高山昭和館」では戦中戦後の生活を映画看板や自動車、理髪店、雑貨店等の実物で再現している。「飛騨高山まちの博物館」では豪商の家の土蔵を使って、高山の歴史・祭・工芸・食べ物等を展示紹介している。

注8　御母衣ダム　岐阜県西北部、大野郡白川・荘川村で庄川《しょうがわ》を堰き止めてできた人造湖で、一九六一年に完成した。水力発電用のダムとして使われる。

高山近郊

高山の近郊、すなわち、高山駅から二～五キロ離れた外縁部にも、高山市街よりも古い、あるいは市街と共に歩んできた土地がある。ここではその幾つかについて記述したい。

◆松倉・飛騨の里

高山駅を出て国道158号線を西に向かい、途中、飛騨東照宮（注9）の脇を通って三キロ、松倉山（注10）の麓に「飛騨の里」がある。飛騨の里は、失われゆく古い民家、そこで営まれていた生活や里の様子を後世に伝えるために、一九七一年に設立された。合掌造りをはじめ、飛騨各地の特色ある民家三十数棟を移築・復元し、種々の民具も収集し、里山を造成して、飛騨の農山村の生活を再現したもので、集落博物館とも言えよう。機織り・草木染・春慶塗《しゅんけいぬり》（注11）等、飛騨の伝統工芸の実演を見学、体験もできる。規模が大きく、内容も豊富で、実際に生きている博物館である。

飛騨の里から北東に八〇〇メートルほど登った窪地に飛騨高山美術館がある。一九世紀末に一世を風靡したアール・ヌーヴォー様式のガラス工芸品や家具を収蔵展示する博物館だ。館内の明るいレストランで、高山市街や遠く飛騨山脈（北アルプス）の山々を望みながら食べた昼食は美味であった。

美術館の入口付近に、竜鉄也《りゅうてつや》慕情館が建つ。竜鉄也は失明・離婚・火災・自殺未遂等連続する不幸の中で、流しの歌手やマッサージ師をしながら、演歌を作詞・作曲し、自ら歌手として歌い続けた。高山・奥飛騨・美濃を舞台にした演歌が多い。代表作の「風の噂に　一人来て　湯の香恋しい　奥飛騨路」で始まる『奥飛騨慕情』

合掌造りの集落「飛騨の里」

（一九八〇年）は、哀調あふれる詞曲が人気を呼び、紅白歌合戦やのど自慢でもよく歌われた。館内には彼の生涯と実際に使用した衣装や楽器（ギター、アコーディオン等）が飾られている。

周辺には高山の伝統工芸品の木工品、一位一刀彫や陶器を製作する工房が点在する。木工品は、飛騨の海抜一〇〇〇メートル以上の山に産する一位（櫟《いちい》）を使って、翁《おきな》・般若《はんにゃ》面《めん》・観音像等を彫ったものだ。飛騨の木彫の歴史は古く、大和朝廷や水無神社（一八七ページ）等の宗教との関係も深い。京都に派遣された飛騨の工人達の腕が優れていることから「飛騨の匠」と称えられるようになるが、高山祭の屋台の木工や彫刻の素晴らしさがそれに拍車をかけたと言えよう。また、飛騨の陶器の一つ小糸焼《こいとやき》の窯元が美術館前にある。江戸初期に開かれ、イラボと呼ばれる茶色や青色の釉薬をかけた陶器で、落ち着いた渋味があり、洋食器としても好まれる。市街の三町筋（二〇三ページ）にある渋草焼《しぶくさやき》は、飛騨赤絵・飛騨九谷《くたに》と呼ばれる華やかな赤絵の絵柄を描いており、小糸焼とは対照的である。

飛騨の里の手前で国道１５８号線を左に折れて三キロほど南に進むと、千島町《ちしままち》の山の中に「飛騨高山まつりの森」が突然現れる。高山祭の屋台を再現展示する博物館が、山をくり抜いた地中ドームの中につくられていて、電気やコンピューターで制御されていて、迫力がある。自然の森や茶の湯の森も併設されている。

注9　飛騨東照宮　徳川家康を祭神として、一六一六年、飛騨国主の金森氏が高山城内に建立し、八〇年に現地に移して鎮座した神社。

注10　松倉山　高山の西郊にある山で、一五七九年、地元豪族三木自綱が山頂に松倉城を築いたと伝えられるが、一五八五年、国主金森氏によって攻略された。

注11　春慶塗　飛騨春慶塗は、ヒノキ・ケヤキなど木目の美しい天然材の素地《きじ》をつくり、黄（クチナシ）または赤（鉄丹《てつに》）で着色し、上に透明の漆《うるし》を塗ったもの。盆・膳・重箱・菓子器等に広く使われる。

◆松之木　七夕まつり

ある先輩から「飛騨国には面白い夫婦岩《めおといわ》（注12）の話があるから、調べてみては」と示唆されて、文献や観光案内所等で調べた結果、高山東北郊外の「松之木七夕《まつのきたなばた》まつり」に行き当たる。

そこで、高山線の全駅乗降の旅の第七回として、二〇一四年八月五～七日に高山に行き、この「松之木七夕まつり」（七夕岩まつり、夫婦岩まつり、とも言う）の現場を訪ねて調べることにした。

松之木町は、高山駅を出て国道158号線（福井市―松本市）を東北東に向かって五キロ余、同線から国道361号線（高山市―長野県伊那市高遠町《たかとおまち》）が分岐するあたりである。周辺には、中世に山城があった鍋山《なべやま》城跡があり、361号線が大八賀川《おおはちががわ》（宮川の支流）を松之木橋で東に渡ってゆく。

五日午後、まつりの開始前の状況を把握しようと思い、現地を訪ねる。大八賀川の松之木橋付近の両岸は、高さ二〇～三〇メートルの崖がそびえており、崖の上部に一対の岩が相対して突き出し、向き合っている。左岸（西岸）の突出部を男岩《おいわ》（雄岩）、右岸（東岸）のそれを女岩《めいわ》（雌岩）、両岸の岩を合わせて夫婦岩、または七夕岩と呼んで崇めてきた。男岩の麓には七夕岩公園があり、一角には馬頭観音像《ばとうかんのん》、聖観音像等が祀られている。

六日夕方、松之木町に再び行くと、七夕岩公園では一〇〇人もの人が集まって七夕まつりの準備作業に大わらわであった。子供会の歌や踊りの前座行事が終わって、松之木

松ノ木七夕まつり（8月6日夜）

橋が通行止めとなった一九時、七夕まつりの始まりである。男岩と女岩のかがり火が元気よく燃やされ、七夕岩公園でホラ貝が吹き鳴らされる。

一九時一〇分、七夕まつりの本体「大注連縄《おおしめなわ》（標縄、七五三縄）上げ」、略して「縄上げ」が始まる。最初に松之木町の各集落が一〇メートル単位で分担して注連縄を綯《な》い、これを繋げて延長一二〇メートルの大注連縄を作る。大注連縄には行灯《あんどん》を吊すほか、子供が生まれた家庭では、男の子なら「藁馬」、女の子なら「糸車」を吊して奉納する。

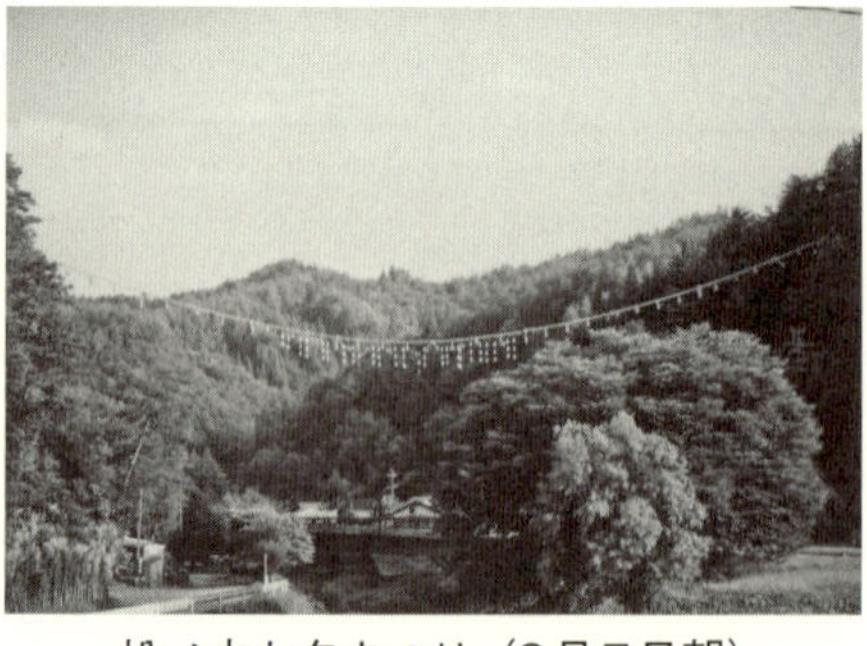
松ノ木七夕まつり（8月7日朝）

一〇メートル単位の縄の繋ぎや吊し物の安全を確認し、両岸から縄を引き出して張る。両縄を松之木橋の上で繋ぎ、男岩と女岩が大注連縄で繋がれて一体となる。繋がれた大注連縄を、女岩から引き上げ、途中の松之木橋からは長い竹竿（刺股《さすまた》）で押し上げる。

すっかり暗くなった中空に二〇メートルくらいの高さで、行灯を帯のように吊した大注連縄が、大八賀川の谷間を挟んで、男岩―女岩間（八〇メートル）に張られた。こうして、一九時四五分、縄上げの行事は関係者と観客の拍手のうちに終了した。

翌七日朝、現地に行くと、昨夜の縄上げの興奮や感動は鎮まり、大八賀川の濃緑の谷間に大注連縄の橋が悠然と架かっている。大注連縄は、通常、約一ヶ月間張られるそうだが、台風襲来等で、道路交通等に支障を来す恐れがある場合には、事前に撤去されることもあるそうだ。

「松之木七夕まつり」は江戸時代から行われ、三〇〇年の歴史を有すると言われ、松之木の人達は、豊作と家内安全の願いを込めて、この伝統を受け継ぎ、守ってきたとみられる。各地の七夕では、牽牛星《ひこぼし》と織女星《おりひめ》が出会う故事に因んで、機織《はたおり》や文学・文章等の上達、男女の良縁を願うのに対し、松之木の七夕まつりでは豊作、子供の成長・家内安全となっている。また、開催日も、各地の七夕では八月七日（または新暦の七月七日、旧暦の七月七日等）の夕方であるのに対し、松之木では新暦の八月六日の夕方となっており、各地よりも一日早く、まさに「七夕イブ」と言った感じである。さらに、願い事をする形式についても、各地の七夕では折紙や色紙に願い事を書いて笹竹に吊り下げるのに対し、松之木では、前述のように、八〇メートル離れた夫婦岩（七夕岩）の間に行灯等を吊した大注連縄を張る行事に変形している。

注12　夫婦岩　女夫岩・妻夫岩・女男岩等とも書き、男女一対になっている岩を指す。日本全国

に多数の夫婦岩があり、地名となったり、信仰の対象となっているが、二見浦《ふたみがうら》（三重県）のものが有名である。

上枝

上枝駅

自然・歴史・文化が豊富な高山の探訪に魅せられたが、高山線に戻って鉄道の旅を続けたい。

高山駅を出た高山本線は、三～九‰程度の緩やかな勾配で下りながら北北西に進む。国道41号線に跨がれ、宮川が東から近づいてくると、真北に向きを変え、間もなく**上枝**《ほずえ》駅に着く。駅間距離は四・六キロ、標高は五四八メートルまで下がる。高山本線全通の一九三四年一〇月二五日、大野郡上枝村下切《しもぎり》（現・高山市下切町）に開設された。二面二線の相対式ホームで、七一年以来、無人駅となっている。乗降客は一四〇人ほどあった。駅舎は開設当初からの赤い屋根の木造駅舎が山裾にたたずむ。ホームは、緑色に塗られた跨線橋で繋がれる。下りホームの中ほどには、起点岐阜からの距離を示す「１４１・０」の距離標が建つ。

駅名の「上枝」は所在村名を採ったが、難読駅名として知られる。語源については諸説あるが、ホズエが穂末《ほずえ》、枝の先端を意味するとの説は、高山盆地の北端に位置する当村と合致する。上枝村は、一九四三年に高山市に合併されているが、駅に掲示されている名所案内板には、高山市内のものはなく、西隣の丹生川村《にゅうがわ》（二〇〇五年に高山市に吸収）にある千光寺《せんこうじ》が記載されていた。

◆千光寺

千光寺は、上枝駅の東四・五キロ、高山駅の北東九キロの旧丹生川村下保《しもぼ》、袈裟山《けさざん》中腹にある。高野山真言宗の古刹で、一〇〇〇年以上前の平安時代に建立され、戦火にあった後、一六世紀末、金森長近が再興した。山門から急坂を上ると本堂で、眼下に視界が開け、濃緑の山腹の裾には高山盆地・旧丹生川村の田園地帯を見渡せ、水田開発が進むことに気づく。境内には、無病息災を願う「撫《な》で仏《ぼとけ》」など円空《えんくう》作の木彫仏像が多く見られる。

旧丹生川村は、宮川支流の小八賀川《こはちががわ》沿いに東西に伸びる農山村で、面積は二二七平方キロメートル、人口は四五〇〇人程度であった。村の中央を国道１５８号線が東西に通じ、安房峠《あぼう》を経由して、高山―上高地《かみこうち》・松本（長野県）間が結ばれた。この乗鞍スカイラインの完成で、観光地化が進む。

国府

飛騨国府駅

上枝駅は、高山盆地の北端にあり、出るとすぐ下り勾配がきつくなり、二〇‰区間もまた現れる。二キロほど北進したところで、大きく左に回って北西に向きを変え、再び山間部に入る。第一四宮川橋梁の手前で国府町に入り、間もなく**飛騨国府**駅に着く。駅間距離は六・六キロ、標高は五一一メートルとなる。

飛騨国府駅は、高山本線全通の一九三四年一〇月二五日、吉城郡国府町広瀬町石原に開設された。二面二線の相対式ホームで、永らく簡易委託駅であったが、二〇〇七年に無人化された。乗降客は二六〇人程度であった。駅舎は開設当初からの赤い屋根の木造駅舎が使われている。

駅名の国府は、所在町名を採ったが、山陰本線に既に国府駅（兵庫県）が存在することから、旧国名の飛騨を冠した。国府の町名は、古代・中世の飛騨国の国府がこの地に置かれていたことに由来するとの説もある。

旧国府町

旧国府町は旧吉城郡内で、高山市の北隣、宮川上流域にあって、八九平方キロの面積、八〇〇〇人の人口を擁した。山地が多い吉城郡の中では比較的平坦で、宮川沿いに水田が広がり、米・トマト・花・リンゴ・桃等の栽培が行われ、飛騨牛も飼育される。

古代に飛騨の国府として栄えたという国府の広瀬町には、立派な古墳が多い。特に、飛騨国府駅の南六〇〇メートルにある鴻峠口《こうとうげぐち》古墳は、七世紀建造の前方後円墳で長さが七三メートル近くあり、飛騨地方最大である。

飛騨国府駅の北一・五キロの阿多由太《あたゆた》神社は、穀物の神である大歳御祖神《おおとしのみおやのかみ》を祭神として、一三世紀に建立されたと言う。本殿は柿葺きの素朴、質素な建物で、室町時代初期に建築され、国重文に指定される。また、飛騨国府駅の東四キロの安国寺《あんこくじ》（臨済宗）は、室町幕府の足利尊氏《あしかがたかうじ》の命により、各国に建立した安国寺の一つとして、一三四七年に創建された。経蔵《きょうぞう》は、日本最古の八角形の回転式輪蔵《りんぞう》である。

なお、国府町は、吉城郡に属していたことから、平成大合併で、後述のように古川町等と一緒になって飛騨市に加入が予想されたが、高山市に合併された。

飛騨山脈

(一) 飛騨山脈

飛騨山脈は、新潟・富山・長野・岐阜の四県にまたがり、延長が南北に一〇〇キロ、幅員が東西に三〇キロの山脈で、三〇〇〇メートル級の山々が連なる。最高峰は奥穂高岳で、標高は三一九〇メートルである。北アルプスとも呼ばれ、南アルプス(赤石山脈《あかいし》[長野・山梨・静岡の三県])、中央アルプス(木曽山脈[岐阜・長野の二県])と共に日本アルプスを構成する。

飛騨山脈は、高山《こうざん》としての景観に優れ、火山活動により温泉が湧出し、宿泊やリゾートの施設も充実しているので、観光客も多く、国立公園にも指定されている。さらに、優れた木材資源を提供し、河川の源流地ともなって農業や工業の振興にも寄与している。

高山市は、平成大合併で市域が拡大された結果、飛騨山脈にかかる岐阜県下の地域はほとんどが高山市に属する。飛騨山脈内に存在する主要な山・峠・温泉等に連なる登山口や道路は、ほとんどが高山駅・高山市街を出発点・帰着点としている。

飛騨山脈の山々は、その多くは高山本線の車窓から、好条件の日なら眺めることができるが、せっかくの機会だから、主要なものを探訪することにしたい。

（二）奥飛騨温泉郷

高山本線開業八〇周年の時期（二〇一四年一〇月二五日）は、飛騨山脈の紅葉も見ごろと聞いたので、二〇一四年一〇月下旬、高山駅から足を延ばして飛騨山脈を探訪することにした。乗鞍岳と穂高岳を一日で回りたいので、前日に飛騨山脈の中に入り、宿泊しておくことが必要と考えた。

高山バスセンターで濃飛バスに乗り、国道158号線を小八賀川沿いに東に向かって上る。三〇キロ余進んで平湯《ひらゆ》トンネルに入る。トンネルのほぼ中央が平湯峠（標高一六八四メートル）の下で、旧丹生川《にゅうがわ》村と旧上宝《かみたから》村との境界であった。さらに五キロ余進んで平湯に着く。高山からの所要時間は六〇分である。

旧上宝村は、岐阜県北西部、吉城郡にあって神通川の支流高原川の上流域を占める村で、四七五平方キロの面積、四〇〇〇人弱の人口を擁していた。村域の大半は中部山岳国立公園域の山地で、乗鞍岳・穂高岳等三〇〇〇メートル級の山がそびえ、その麓を通る国道471号線（石川県羽咋《はくい》市―岐阜県高山市上宝町）沿いに栃尾《とちお》・新平湯・福地《ふくじ》・平湯・新穂高等の奥飛騨温泉郷やスキー場・キャンプ場があり、観光に生きる村である。旧村の西部は棚田で、稲作が盛んであり、高原野菜の栽培も行われる。村名は、平安時代に飛騨山脈の山地を高原郷、その頂上部を上高原《かみたかはら》と称したが、発音では「たかはら」のはが省略され、文字ではこれに合わせて宝の字が充てられたことに由来すると言われる。

　平湯は、乗鞍岳の北西麓、標高一二三〇メートルにある温泉地である。奥飛騨温泉郷の一つで、乗鞍岳・穂高岳等北アルプスの山々への登山基地である。高山・乗鞍・穂高、そして長野県側の上高地・松本等に通ずる路線バスの交通拠点で、平湯バスターミナルが開設されている。

　平湯温泉は、戦国時代に開湯して五〇〇年の歴史を有する古湯だ。老いた白猿が傷めた足を温泉に入れて治して元気になって跳び去った故事に由来すると言う。白樺《しらかば》林に囲まれ、風やせせらぎの音も聴こえる山里の自然の中でくつろげる。夜は相当冷え込むとのことで、事務室には囲炉裏《いろり》、客室には火燵《こたつ》が入っていた。私は、四〇年前に平湯温泉に泊まったことがあるが、観光開発が進んでも、当時と変わらぬ閑静なたたずまいと温かい心遣いには懐しさと共に感銘を覚えた。

平湯バスターミナル

　温泉街を散策すると、天照大神を祭神とする平湯神社は、前述の白猿伝説の発祥地である。隣の森の中にある平湯民俗館は、江戸後期築造の木造茅葺きの入母屋造りで、当時の雪深い飛騨の里の厳しい生活を偲ばせる衣服・食事・日用品・農具等を展示している。

なお、国道158号線は安房峠道路に入り、安房トンネル（延長四三七〇メートル）で安房峠（標高一七九〇メートル）を抜けて長野県に入り、上高地を通り、松本市に向かう。

（三）乗鞍岳

乗鞍岳に行くには、平湯バスターミナルから濃飛バスで国道158号線を南に平湯峠まで五キロ余戻り、南に折れて乗鞍スカイラインに乗り入れる。

乗鞍スカイラインは、岐阜県道路公社の有料道路で、一九七三年に開通した。乗鞍岳の北麓の平湯峠から山頂の畳平《たたみだいら》までの間一四・四キロの二車線道路・舗装道路だが、勾配や曲線はかなり厳しい。積雪のため、営業は五月一五日～一〇月三一日までとされ、山頂近くには宇宙線やコロナの観測所もあるので、一般車の乗り入れは禁止されている。

乗鞍スカイラインは、曲がりくねったり、高度や方向が変わるごとに山の景色も紅葉の進行度合いも異なり、見ていて飽きない。平湯バスターミナルから二六キロ、一時間もアッという間に過ぎて、乗鞍山頂の畳平に着く。

乗鞍岳は、単体の山ではなく、標高二七四〇メートルの畳平を半径二～三キロの円で取

乗鞍岳畳平

り巻く二八〇〇～三〇〇〇メートル級の二三峰の山岳群で、三〇二六メートルの剣ケ《けんが》峰《みね》を主峰としている。北には穂高の山々の先に飛騨山脈の槍ヶ岳（三一八〇メートル）、南には御嶽山の勇姿が浮かぶ。乗鞍岳は岐阜県の旧丹生川・高根村と長野県の旧安曇《あずみ》村との境界にあり、乗鞍の地名は、岐阜県側から見て、乗鞍岳が馬の背に鞍を置いた姿に見えることに由来すると言う。

畳平は、乗鞍の山々に取り囲まれた窪地で、一〇〇×二〇〇メートルの四角形をしており、魔王岳《まおうだけ》（標高二七六三メートル）等の高い所から見ると、畳を敷いた平らな大広間に見えることに由来すると言う。

畳平の西側には乗鞍バスターミナルがあり、その二階には大食堂、一階には売店がある。北側には、天照大神をはじめ、山水木の四祭神を祭る乗鞍本宮神社《のりくらほんぐう》の中宮《ちゅうぐう》がある。なお、本宮は、乗鞍岳の最高峰剣ヶ峰の山頂にある。隣の売店には、簡易郵便局が六月中旬〜一〇月中旬に開設され、「乗鞍山頂」の消印を押してくれる。バスターミナルの裏側には、高山植物のお花畑がある。

（四）穂高岳

穂高岳に行くには、平湯バスターミナルから濃飛バスで、国道471号線を北北西に一〇キロほど進み、栃尾温泉で北東に折れて蒲田川に沿って北東に八キロほど進んで新穂高温泉に着く。平湯バスターミナルから新穂高ロープウェイまでの所要時間は四五分程度である。

新穂高温泉は、穂高岳の西中腹、標高一一一七メートルの地にあって、雄大な自然に囲まれ、奥飛騨温泉郷に属し、明るく賑やかな温泉である。穂高岳をはじめ飛騨山脈の山々の飛騨側登山基地として利用者は多い。高山駅の北東三三キロの位置にある。

穂高岳に楽に登るには、ここから奥飛観光開発の新穂高

新穂高ロープーウェイ　新穂高温泉駅

ロープウェイを利用することになる。このロープウェイは、二段階に分かれていて、第一段階は、濃飛バスを降りてすぐの新穂高温泉駅から始まる。五七三メートル、四分で鍋平《なべひら》高原《こうげん》駅に着く。標高は一三〇五メートルまで上る。この間、笠ヶ岳《かさがたけ》（標高二八九八メートル）の全貌が迫ってくる。しらかば平駅（一三〇八メートル）で第二ロープウェイに乗り換える。二五九八メートル、七分で終点の西穂高口駅に着く。この間、紅葉または黄葉する木々の色は、標高や方向により層や縞の変化を見せる。標高が高くなるにつれて輝きが薄れて茶褐色になってくるのが分かる。

西穂高口駅の四階に上ると山頂駅展望台（標高二一五六メートル）で、北アルプス（飛騨山脈）の山々をほぼ同じ高さの目線で見ることができる。眼前には穂高岳の山々の雄大な姿を楽しめる。穂高岳は、岐阜県の旧上宝村と長野県の旧安曇村にかかる山岳の総称で、前穂高岳（標高三〇九〇メートル）のほか、北穂高岳（三一〇六メートル）、涸沢岳《からさわだけ》（三一〇三メートル）、奥穂高岳（三一九〇メートル＝最高峰）、西穂高岳（二九〇九メートル）等を含めて直径一〇キロの範囲にある。穂高の山名は、穂は槍の刃の先、筆の先など尖ったものの先も指すので、穂高の山の頂が尖った岩山であることに着目して付けられたと言う。

さらに、山頂駅展望台からは、北の槍ヶ岳から南の剣ヶ峰まで飛騨山脈の主要部分を遠望でき、まさに日本の自然の偉大さを堪能できる。

なお、穂高岳は、作家井上靖《やすし》が、登山家の生きざまを描き、一九五六〜五七年、新聞に連載した小説『氷壁《ひょうへき》』の舞台となっている。

（五）野麦峠

野麦峠は飛驒山脈の南部を東西に横断する、岐阜県の旧大野郡高根《たかね》村（現・高山市）と長野県の旧南安曇郡奈川《ながわ》村（現・松本市）との境にある標高一六七二メートルの峠である。古くから飛騨と信濃を結ぶ道として使われていた。野麦の地名は、旧高根村の字名として現存し、①野生の麦が生えているところ、②峠一帯に熊笹が生えていて、これが麦の穂に似た実をつけることから、土地の人に「野麦」と言われたことに由来する、との二説がある。

飛騨と信濃を結ぶ街道には、木曽街道・飛騨街道・野麦街道等があり、江戸時代には、信濃からは米・清酒などが飛騨に送られ、飛騨からは信濃に白木《しらき》・曲物《まげもの》と言われる木材加工品が運ばれた。さらに、富山湾でとれた鰤《ぶり》等の魚類や塩を富山で加工梱包した上、「飛騨鰤」と称して送り込んだ。そこで、これらの魚類を運ぶ街道をブリ街道と呼んだ。この街道は、道幅が狭くて岩が多く、急峻・急曲線が続くので、馬を使用することが難しい。人の肩や背に背負って徒歩で運ぶのが主力となったようだが、一部には牛の肩に背負わせて運ばせたとのことだ。特に、富山湾でとれた正月用の鰤を吹雪・積雪の中、運ぶことは大変な難事であった。また、江戸時代から大正時代にかけては、関西からの善光寺（長野市）参りの客にも利用された。

野麦街道が世に知られたのは、明治・大正時代の女工哀史が社会問題になってからである。長野県諏訪地方では製糸業が発展し、製糸女工として、飛騨の娘達が野麦峠を越えて長野県諏訪地方に多数送り込まれた。飛騨から諏訪までは約一〇〇キロの山道で、これを三～四日で行く強行日程であり、飛騨の出発は稲の収穫や養蚕が済んだ晩秋から年末になるので、野麦峠を越えるには雪に悩まされ、悪路と疲労で被害者が続出した。

野麦峠

野麦峠がある旧高根村は、岐阜県北東部、旧大野郡南東端、飛騨山脈南西麓にある山村で、九七〇メートルの標高、二二〇平方キロメートルの面積、八〇〇人程度の人口を擁していた。高原野菜（トマト・ホウレン草）・山菜・畜産・林業等はあるが、飛騨川の高根第一・第二ダムや野麦峠の観光資源に依存していた。

高山駅から野麦峠に至る野麦街道は、国道361号線や岐阜県道に継承されているが、道路の改良は必ずしも十分ではなく、路線バスも走っていないので、タクシーに頼らざるを得ない。高山―野麦峠間の直線距離は六〇キロ程度であるのに対し、道路距離では一〇〇キロを超す状況だ。

長野県境に近い高根ダムで北東に折れて山道に入り、急に道が開けると平坦な広場が現れる。ここが野麦峠である。県立自然公園となっており、ああ野麦峠の碑、政井みねの像(注13)、乙女地蔵尊、お助け観音等が建つ。「野麦峠の館」では、飛騨の山村の生活に関する資料を実物や映像で示している。野麦峠を通る旅人の宿泊や避難・看護等に大きな役割を果たした「お助け小屋」も復元された。

北には乗鞍岳・穂高岳・槍ヶ岳が層となって連なる飛騨山脈、南には御嶽山がそびえる山の景色の素晴らしさに感動し、空気の旨さや、始まったばかりの紅葉の色彩の豊かさに感謝の気持ちが自然に湧いてきた。

注13　政井みねの像　一九〇九年、飛騨出身で二〇歳の製糸工政井みねは、病に倒れ、迎えに来た兄に背負われて郷里飛騨に帰る途中、野麦峠で「あぁ、飛騨が見える」と言って息を引き取ったと言う。今、彼女の碑が野麦峠に建てられ、山本茂実の小説『あゝ野麦峠』（一九六八年刊）にも描かれる。

白川郷

白川郷は、高山駅から直線距離では三五キロの位置にあるが、飛騨山地(注14)と両白山地(注15)との間にあって、地形が複雑で、山ひだが深く細かいので、道路の改良が遅れていた。そのため所要時間・距離は他の数倍を要していた。事実、高山―白川郷間が路線バスで、二〇〇六年では二時間一〇分ほどかかったが、今回（一四年八月）では、中部縦貫自動車道や東海北陸自動車道のトンネルが開通したので、五〇分程度で行くことができた。

白川郷は、富山・石川両県との県境に近い岐阜県西北部、高山市荘川町と大野郡白川村にまたがり、庄川(注16)上流域にある合掌造り民家の集落である。「合掌造り」と言われる茅葺き屋根の家屋が立ち並ぶ光景は、日本の原風景と言えよう。

白川郷

荻町《おぎまち》城跡の展望台に登ると、七〇メートルの高台から白川郷の中心の荻町合掌集落を一望できる。この集落には大小一〇〇戸を超す合掌造りの家屋が群がり、国の伝統的建造物群保存地域に指定され、一九九五年、世界文化遺産にも登録された。

中でも、和田家は、江戸時代に名主《なぬし》を務め、格式の高い造りで築三〇〇年以上経つ最大規模の建物で、国の重要文化財に指定される。長瀬家は五階建ての合掌造り民家で一八九〇年に建造された。神田家は江戸時代後期に加賀国の宮大工が一〇年かけて建築した、精巧上品な建物である。

また、一三世紀開基の明善寺《みょうぜんじ》（浄土真宗）は、本堂も鐘楼門も庫裡《くり》も全て合掌造り茅葺き屋根の建物で、庫裡の二階は農具や民具を展示する明善寺郷土館となっている。隣の荻町白川八幡神社（祭神・応神天皇）では、秋の収穫に感謝して「どぶろく祭」が行われ、「どぶろく祭りの館」もできた。

庄川を挟んだ西岸には、野外博物館「合掌造り民家園」が開設された。園内には、飛騨の各地から集め、移築した合掌造りの民家九棟を中心に全二五棟の民家、水車・炭焼き・唐臼《からうす》等の作業小屋を建て、合掌造り民家における大家族の生活を再現しており、藁細工や草木染め等の実体験もできる。

白川村は、岐阜県北西端にある山村で、豪雪地帯にあって、大家族制と合掌造り民家を守り、活かしている。三五六・六平方キロメートルの面積を擁し、農業（米、高冷地野菜）、林業と共に、合掌造り集落・御母衣ダム・白山(注17)登山等の観光に依存する村政が行われているが、人口は一八〇〇人程度で減少傾向が続く。

そして、平成大合併では、高山市や飛騨市への合併を拒み、独立独歩の道を進み、白川村の伝統文化と生活を護持する道を選んでいる。

注14　飛騨山地　岐阜・富山両県にまたがり、東は飛騨山脈、西は白山・両白山地に挟まれた標高二〇〇〇メートル程度の高原状の山地で、飛騨高原・飛騨高地とも呼ばれる。平地が乏しく、河谷が深いことと河川の水量が豊富なことから電源開発が進み、水力発電所が各地

に見られる。

注15

両白山地　富山・石川・福井・岐阜の四県にまたがり、標高一五〇〇メートル程度の山地で、加濃越《かのうえつ》山地とも言う。白山を中心とする加越《かえつ》山地（白山山地）と能郷《のうご》白山を中心とする越美《えつみ》山地との総称。

注16

庄川　飛騨山地の烏帽子岳《えぼしだけ》（一六二五メートル）に発して北流し、御母衣ダム、白川郷・五箇山《ごかやま》の合掌集落、岐阜県北西部等を貫流し、富山県砺波市庄川町を経て、同市新湊《しんみなと》で富山湾に注ぐ延長一三三キロの河川。

注17

白山　石川・福井・岐阜の三県にまたがる火山で御前峰（二七〇二メートル）、大汝峰・剣ヶ峰の三峰を中心とした山岳の総称である。昔から信仰の山であり、動植物の宝庫である。山頂が年中雪に覆われて白いことから、この名称が付き、「しらやま」とも呼ばれた。姿が美しいので、富士山・立山と共に、日本三名山の一つとされる。

岐阜県内（七）吉城郡と飛騨市

飛騨市は、岐阜県北西端、飛騨国北部の飛騨山地にあって、神通川及びその支流の宮川・高原川に沿って北向きの傾斜地にある。二〇〇四年、平成大合併により、古川町ほか一町二村が合併して飛騨市となり、国府町と上宝村は高山市に合併（一九九ページ）して、吉城《よしき》郡は消滅した。

高山本線では、飛騨古川駅（手前〇・六キロ）から杉原駅（先三・八キロ）までの三三・七キロの区間を対象とする。この間に七駅が開設される。

沿線には厳しい岩壁や峡谷があり、小盆地が串状に連なっており、平地には水田も多い。右には飛騨山脈、左には白山山地を眺めることができる。豪雪地帯なので防雪設備が施され、遅い春の景色は明るく、鮮やかである。

なお、この区間は飛越線として富山方から順次開業しており、杉原—坂上間は一九三二〜三三年、角川—飛騨古川間の杉崎以外の三駅は、一九三四年の全線開業の際に開設された。

古川

飛騨古川駅

飛騨古川駅舎

飛騨国府駅を出た高山本線は、三～五‰の緩やかな下り勾配で北西に進み、荒城川《あらきがわ》を渡り、**飛騨古川**駅に着く。駅間距離は三・七キロ、起点岐阜からの距離は一五一・三キロ、標高は五〇〇メートルを割って四九五メートルとなる。

飛騨古川駅は、高山本線全通の一九三四年一〇月二五日、吉城郡古川町上気多《かみきた》（古川町金森町を経て飛騨市古川町金森町）に開設された。三線式ホームの有人駅で、乗降客は八四〇人ほどある。富山駅まで行く特急列車〈ひだ〉の四往復が停車するほか、一往復が飛騨古川駅で折り返す。また、下り普通列車も三往復が飛騨古川駅折り返しとなる。

飛騨古川駅の駅舎は、平屋建てだが、旧吉城郡・古川町の玄関口・中心駅として、長い歴史のある町にふさわしく、風格がある。駅前広場は広く、バスやタクシーの待合所も整備され、観光案内所も充実しているが、駅の待合室の売店は近年廃止された。

駅名は所在の町名によっているが、古川の地名は中世以来の地名で、①現在の町の中央を北流する宮川の古い河原の跡にできた町を意味する、②古くは深河郷と称し、宮川が古くから深い川であったことに由来する、などの説がある。駅名に旧国名の飛騨を冠したのは、古川駅が陸羽東線《りくうとう》（宮城県）に既に存在するからである。郡名の吉城は、当初はこの地にある荒城神社・荒城川に由来して荒城郡と称したが、荒の字を嫌って雅字の吉を充てて吉城と改称したと言われる。

旧古川町

旧古川町は、標高五〇〇〜一〇〇〇メートル程度の山地にあって、中央を北に向かって流れる宮川に沿って串団子状にできた集落のうちの最大の町である。古墳や遺跡も多く、古代から飛騨の中心地であった。一六世紀末、飛騨高山の領主金森長近の養子可重《ありしげ》が、古川に増島《ますしま》城を築き、以後、城下町として栄えた。金森氏は高山を真似て古川の町づくりを行ったので、同じ町名や同じような配置があったりして、町の雰囲気も似通っている。

古川は、一八七五年、単独で町制を施行し、一九五六年、吉城郡内の細江《ほそえ》・小鷹利《こたかり》の二村と合併した。九七・五平方キロメートルの面積、一万六〇〇〇人台の人口を擁した。町域の九〇%以上は山林だが、宮川沿いの平坦地では水田開発が進み、稲作が普及していた。古川町の主要産業は、農業（米・飛騨牛・高冷地野菜）で、製造業（薬品・電子部品・木材加工）も伸びている。さらに、「小京都」と呼ばれ、観光箇所がこぢんまりとまとまっているので、活況を呈している。

なお、旧古川町は、二〇〇四年の平成大合併で、近隣の三町村と合併して飛騨市となった。

町内めぐり

飛騨古川駅の東南五〇〇メートルにある増島城は、前述のように金森氏の居城であったが、同氏の転封後、一六九五年に廃城となった。今は石垣が残っており、増島天神が祀られている。近くには金森氏の菩提寺であった林昌寺《りんしょうじ》（曹洞宗）がある。また、北隣の気《け》多若宮《たわかみや》神社は大国主命《おおくにぬしのみこと》を祭神とし、古川祭の産土神《うぶすなのかみ》であり、「起し太鼓《おこしだいこ》」神事が催される神社である。

古川の歴史や文化を知る施設等は、駅の西側で、荒城川右岸と宮川右岸に囲まれた七〇〇メートル四方に集中している。

◆匠文化館

駅の西四〇〇メートルにある飛騨の匠《たくみ》文化館は、大和朝廷に招かれて、奈良や京都の神社や寺院の造営や修理をした飛騨の大工の技術を匠として称え、その業績・足跡、道具、技術等を紹介している。この文化館も匠の技を受け継ぐ地元の大工により、釘を一本も使わずに建てられたと言う。

◆白壁土蔵街

飛騨古川まつり会館は、毎年四月一九・二〇日に行われる気多若宮神社の祭礼「飛騨古川まつり」を映像で紹介する。勇壮な起し太鼓と華麗な祭屋台は見る者を圧倒する。なお、起し太鼓と祭屋台は、重要無形

古川の土蔵白壁街

民俗文化財に指定される。

古川随一の名所は、瀬戸川沿いの白壁土蔵街である。市街の中央部を北から南に流れる瀬戸川の両岸には造り酒屋が二軒あり、白壁土蔵造りの酒蔵が並ぶ。周辺にも土蔵や格子戸の商家や住家が建つ。瀬戸川には鯉が泳ぎ、周辺の大きな木は涼味を運んでくれるなど、時計が止まっているかのような、のどかで懐かしい光景である。

古川には寺院も多いが、中でも円光寺《えんこうじ》、真宗寺《しんしゅうじ》、本光寺《ほんこうじ》（いずれも浄土真宗）の三寺は、建物も大きく立派であり、川・町・山の風景とも調和している。毎年一月一五日にはこの三寺をお参りして回る伝統的風習の「三寺まいり」が行われる。本光寺の山門の横には野麦峠文学碑が建つ。ここは、長野県諏訪地方に製糸女工として、野麦峠を越えて送り込まれる飛騨の娘達の出発帰着場所の一つであったと言う（二二九ページ）。

古川の特産としては、和ろうそくがあげられる。雪が多いこの地の生活必需品として、江戸時代から作り続けられている。菓子では、当地産の栗・ごま・えごま・柿・栃・豆等を使った素朴なものが多いが、味噌せんべいは一〇〇年以上の伝統がある名品だ。また、地元の山の幸・里の幸を材料とし、朴葉味噌でいろいろと味付けした在郷《ざいご》料理は、飛騨の人々により永年受け継がれた生活の知恵に満ちている。

飛騨市

二〇〇四年二月一日、吉城郡内の古川・神岡の二町と河合《かわい》・宮川の二村が合併して、飛騨市が誕生した。

飛騨市は、富山県と接する岐阜県北端、飛騨山地に位置し、市役所は旧古川町に置かれる。神通川支流の宮川と高原川が市内を流れ、その周辺には水田も見られるが、市域の面積七九二平方キロメートルの九〇%以上は山林・原野・岩山となっている。人口は二万六〇〇〇人台で、年率一・五%で減少を続ける。

農業面では、高冷地野菜、飛騨牛等の特産品が見られ、工業面では化学・鉱業製品等で八五八億円の製造品出荷額がある。

細江

杉崎駅

飛騨古川駅を出た高山本線は、国道41号線・宮川と並行して、西北に向かって直進しながら緩やかに下る。平坦になると、間もなく**杉崎**《すぎさき》駅である。駅間距離は二・三キロで、標

高は四八六メートルとなる。

杉崎駅は、高山本線開業後の一九五二年一二月二五日、吉城郡細江村杉崎（古川町杉崎を経て飛騨市古川町杉崎）に仮停車場として開設され、五五年、駅に昇格した。高山線では珍しく、単式ホーム一面一線のみの無人駅で、列車の行き違いはできない。乗降客は二二〇人程度である。

駅舎は、駅昇格の翌年に建築された赤瓦葺きの木造駅舎で、出札口には板を打ちつけて閉鎖している。駅名は、駅の所在地の字名を採っているが、その由来等は判然としない。

駅の西二〇〇メートルには、室町時代の飛騨国司で、優れた歌人であった姉小路《あねがこうじ》基綱《もとつな》・済継《なりつぐ》父子を顕彰した細江歌塚が立つ。

飛騨細江駅

杉崎駅を出た高山本線は、国道41号線・宮川と並行して、西北に向かって直進し緩やかな下りを続ける。周辺には水田も多く見られ、春には、右に飛騨山脈、左に両白山地の山々が、霧に浮かび、残雪を被りながらそびえる光景は、神々しさを感ずる。駅間距離二・四キロで**飛騨細江**駅に着く。標高は四七八メートルとなる。

飛騨細江駅は、高山本線全通の一九三四年一〇月二五日、吉城郡細江村袈裟丸《けさまる》（古川町袈裟丸を経て飛騨市古川町袈裟丸）に開設された。相対式ホーム二面二線の無人駅で、乗降客は三一〇人程度であった。

駅舎は、開業当初からの木造駅舎で、一部が待合室として使用されているが、大部分は閉鎖されたままである。下りホームの中央には岐阜起点から「一五六キロ」の距離標が立つ。駅名は、開設時の所在村名を採ったが、その由来等は判然としない。

駅の南東三〇〇メートルの慈眼寺《じげんじ》（曹洞宗）には、樹齢三五〇年、根元周囲三・七二メートル、高さ一〇メートルの鎮護桜《ちんござくら》があり、当寺の五代目住職が大和路巡拝記念に持ち帰り、移植したと言う。

なお、これまで同道してきた国道41号線（飛騨街道）は、当駅の北一キロの地点で右に曲がり、戸市川《といちがわ》沿いに東に迂回して神岡の町を経由して、高原川沿いに北進する。この道は、越中東街道とも呼ばれる。

角川

角川駅

飛騨細江駅を出ると、一〇キロほど続いた古川盆地の北端となり、高山本線は、その淵となる小高い丘を乗り越えて、本格的な下り坂に戻る。宮川の谷は険しく深くなり、屈曲が厳しくなる。宮川の谷にひきずられるように、高山本線は、R250〜500で曲線を描き、八〜一二‰の下り勾配が激しく変化する。高山本線は、第一三〜一一橋梁で宮川を三回も渡り、第二小無雁《こむかり》トンネル（延長一〇八二メートル）等三つのトンネルを抜ける。駅間距離五・七キロで次の**角川**《つのがわ》駅に着く。標高は四四二・三メートルになる。

角川駅は、高山本線全通の一九三四年一〇月二五日、吉城郡河合村小無雁（現・飛騨市河合町小無雁）に二面二線の駅として開設された。八五年までは有人駅、その後、簡易委託駅であったが、二〇〇四年一〇月二二日の台風23号の集中豪雨により、高山―猪谷間が不通になり、以後三年間、区間運休となった。〇七年九月全線復旧した際、西側の下りホームが撤去されて、単式ホーム一面一線となり、無人化された。

駅舎は、開業当初からの木造駅舎であったが、一〇年に簡易なものに改築された。この駅舎は、コンクリート製の蒲鉾《かまぼこ》形駅舎で、屋根は円形をしており、積もった雪が自然に落下しやすいような形状となっている。

駅名の角川は、南東から流れて来た宮川と南西から来た小鳥川《ことりがわ》の合流点で、しかも直角に交わることから付けられたと言う。また、村名の河合も、宮川・小鳥川に加えて、稲越《いなごえ》川《がわ》その他の川が皆合わさる土地に由来すると言う。

旧河合村

旧河合村は、岐阜県北部、吉城郡、飛騨山地に属する山村で、一八五平方キロの面積を擁するが、人口は一五〇〇人を割っていた。集落は宮川・小鳥川・稲越川等の流域に沿って点在する。主産業は木材加工で、飛騨の匠の発祥地とも言われる。手漉きの山中和紙は、今も伝統を継承して生産される。

なお、国道41号線が飛騨細江駅の北一キロで右折した後は、国道472号線（富山県射水市―岐阜県郡上市八幡町）と471号線（石川県羽咋《はくい》市―岐阜県高山市平湯）が、代わりに、角川まで高山本線・宮川と並行して進む。

坂上

坂上駅

角川駅を出た高山本線は、R300で九〇度右折して、第一〇宮川橋梁を渡り、北東に向きを変える。旧河合村から旧宮川村に入り、一〇‰で下りながら池ノ尾トンネル（延長一〇七二メートル）を抜ける。第九・第八宮川橋梁を渡り、岸奥トンネルを抜けて平坦になると、**坂上**《さかかみ》駅である。駅間距離は四・九キロ、標高は四一八メートルまで下がる。

坂上駅は一九三三年一一月一二日、飛越線の中間駅として、吉城郡坂上村林（宮川村林を経て飛騨市宮川町林）に開設された。二面三線式ホームの無人駅で、乗降客は二六〇人程度である。

坂上駅は、旧宮川村の玄関駅であったが、八五年に無人化された。九六年に、ベルギーの絵本の図書室を併設したコミュニティ施設「遊ｉｎｇギャラリー」と駅待合室との合築で、橋上駅舎を建築したが、出改札口等は開かれていない。山の中の駅で、駅の西側に山が迫っている。西側の三番線は線路の保守基地として利用されているようだ。

旧宮川村

旧宮川村は、吉城郡の坂上《さかかみ》村と坂下《さかしも》村の二村が一九五六年九月三〇日に合併して誕生した。村名は、村の中央を北流する川の「宮川」に由来する。岐阜県・飛騨の最北端にあって、一九九平方キロの面積を擁するが、人口は一一〇〇人を割っていた。村域の大半は山岳地帯で、積雪も多く、過疎化も進んでいた。

村域の九八%が山林で、高冷地野菜の栽培のほか、ニジマス等の川魚の養殖も行われる。積雪を利用してスキー場が開設される。

高山本線は、旧宮川村内を南北に約二三キロ通過し、三駅を開設している。旧坂上村一駅、旧坂下村二駅である。旧宮川村は、日本海から四〇~七〇キロ奥の豪雪地帯にあって、降雪・積雪が多く、加えて、谷の切り込みが深く険しい地形なので、雪崩・土砂崩れ・落石等による災害も発生しやすい。これらの条件は、雨・風・霧等が激しい場合にも該当する。そこで、高山本線では、防雪林・防風林・防止柵・覆い等各種の防災設備が随所に設置されており、これらの防災設備は車窓からも見ることができる。

宮川村を構成した旧坂上村・旧坂下村、及び駅名の由来はハッキリしない。思うに、飛騨街道の「坂の上」と「坂の下」を意味するのではなかろうか。

なお、宮川村は二〇〇四年二月一日、古川町等と合併して飛騨市となり、廃止された。

打保

打保駅

　坂上駅を出た高山本線は、左に宮川・打保《うつぼ》ダムを見下ろし、右に防雪林の杉林を仰ぎながら、Ｒ３００～５００の屈曲を続け、ほぼ平坦に北東に進む。高山本線と宮川に同行する国道は、角川駅近くから国道３６０号線（富山市―石川県小松市）に代わり、越中西街道と呼ばれている。

　三キロほど進んだところで、下り勾配に転ずる。二〇‰の急勾配とＲ２５０の急曲線とを断続的に繰り返しながら、六キロほど下り続ける。上り列車だと連続上り勾配になるなど、山岳路線の厳しさを実体験できる。

　途中、宮川を第七・第六・第五の橋梁で渡り、大瀬トンネル等を抜ける。左上に水力発電所の大きな建物が見え、線路上に大きなかご状のものが幾つも置かれているのが見えると**打保**駅である。駅間距離は九・九キロで、当線二位の長さであり、標高は三三二メートルまで下がる。

◆豪雪対策

打保駅は、一九三三年一一月二二日、飛越線の中間駅として、吉城郡坂下村打保（宮川村打保を経て飛騨市宮川町打保）に開設された。相対式ホーム二面二線の無人駅で、乗降客は一〇五人程度である。八五年に無人化され、二〇〇三年に蒲鉾形の可愛い駅舎に改築された。この形状の駅舎は、積もった雪を自然降下させる狙いがあり、高山線では幾つかの駅で設置されている。

駅構内の分岐器を積雪や凍結から防ぎ、線路を積雪・雪崩から守るため、金属製のかご状の囲いで線路を覆う設備（『スノーシェルター』と言う）が四個設けられており、壮観である。二〇〇四年の台風23号の災害で、飛騨古川―猪谷間が〇七年まで不通になった際、車両（気動車）がこのスノーシェルター内に留置された。また、線路間には、冬期の除雪に備えて流雪溝《りゅうせつこう》も設けられている。

駅名は、駅が所在する字の名による。そして字名の「うつぼ」は、同音の「靫」「空穂」に通じ、前者だと「矢を入れて腰につける道具」、後者だと「岩や木にできた穴」を意味すると言う。打保は、飛騨山地にできた窪地を意味するのだろうか。

打保駅は、高山本線の全駅乗り歩きで、全四五駅の乗降を達成した駅であり、忘れられない。二〇一四年七月二三日～二五日に実施した第六回の旅で、古川（飛騨市）に泊まっ

打保駅　かまぼこ形駅舎

打保駅のスノーシェルター

た翌日の午後、杉原から1722D列車（猪谷―美濃太田）で、一五時二三分に打保駅に降り、高山本線の全四五駅の乗降ができた。霧雨が降り、盛夏とは思えぬ涼しい日であったが、駅の近辺を見て回り、打保発一六時四三分の1717C列車（美濃太田―猪谷）で、猪谷（富山県）に向かった。

路線別の全駅乗降は、主要な鉄道路線で高山本線が一二線目だが、達成の喜び・感謝・感動が込み上げてくる。探訪の旅をより広め、深めて、著書の内容を充実し、次の旅の準備をする決意を新たにした。

杉原

杉原駅

打保駅を出た高山本線は、夏虫トンネル（延長五八一メートル）を抜け、宮川を第三・第二の橋梁で、右に左に曲がりながら渡り、宮川と国道360号線と一緒に、北北東に向かって下る。勾配のほとんどは一一‰以下、曲線のほとんどはR500以上となり、坂は緩やかになっている。逆に周囲の山々は益々高くなり、谷は相対的に深くなる感じだ。次

霧と緑の中にある岐阜県最北の杉原駅

の**杉原**《すぎはら》駅までの駅間距離は四・〇キロで、標高は三一一メートルまで下がる。

杉原駅は、一九三三年八月二〇日、飛越線の中間駅として、吉城郡坂下村杉原（宮川村杉原を経て飛騨市宮川町杉原）に開設された。相対式ホーム二面二線の無人駅で、乗降客は一二〇人程度である。

山深い、緑の谷間の狭い斜面に赤いトタン屋根の駅舎が浮かんでいる。八五年に無人化されたが、開業当初からの木造駅舎は今なお健在である。岐阜県・飛騨国・ＪＲ東海の最北端の駅で、旧改札口の柱には「飛騨最北端の駅」の看板が掲げられている。

杉原駅から南に四〇〇メートルほど登ると、台地が開け、その先には白木ヶ峰スキー場の斜面が現れる。地元の過疎対策の一環として開かれたもので、冬季には賑わうそうだ。台地には宮川温泉おんり～湯と飛騨まんが王国が営業している。まんが王国では、三万五〇〇〇冊のマンガ本が収蔵されており、荷物は持ち込み禁止だが、自由接架式で読む本を自由に選べ、しかも思い思いの姿勢で読むことができるようになっている。

駅名の杉原は、駅が所在する字の名による。杉原は、字義通り、杉が生えている原のこと言われ、周辺には杉林が多い。

狭い段丘上に設けられた杉原駅を出た高山本線は、北に唐堀山《からほりやま》（標高一一六〇メートル）、西に漆山岳（一三九三メートル）・ソンボ山（一一九三メートル）等の山々の雄大な景色の中を、北北東に向かって、一五‰程度の勾配で下る。杉原駅を出て三番目のトンネルである唐堀トンネル（延長一一〇五メートル）の途中（岐阜起点一八二・七キロ付近）で、一旦、岐阜県を出て富山県に入る。一キロほど富山県を進んだ後、第二・第一の宮川橋梁の間で、再び岐阜県に戻る。さらに〇・五キロほど進んだ加賀沢トンネルの入口で、岐阜県を出て富山県に入る。岐阜起点から一八四・三キロ、杉原駅から三・八キロの地点である。

富山県内に入った高山線は四キロほど北北東に進み、蟹寺《かにでら》付近で左折して、北西に方向を変える。これに合わせるように、宮川は南東から流れて来た高原川と合流して神通川となって北西に向かい、国道360号線（越中西街道）は、南東から来た国道41号線（越中東街道）に吸収されて、北西に向かう。ここから一キロ余で、富山県最初の駅、猪谷駅に着く。

神岡

神岡町《かみおかちょう》は、岐阜県北端、富山県境、旧吉城郡にあって、神通川の支流高原川沿いの鉱山の町であった。高原川沿いに国道41号線（越中東街道）が通り、東には天蓋山《てんがいさん》（標高一五二七メートル）、西には大洞山《おおぼらやま》（一三四八・七メートル）がそびえ、山里の典型と言えよう。

地名の由来は、①当地が昔から諏訪神社の領地であったので神岡と称した、②八世紀に当地で産出した金を天皇に献上したことから神の岡・神岡山と呼ばれた、③神岡の神は「上《かみ》」を意味し、当地は高山よりさらに高い天蓋山等に囲まれた高地に開けた土地である、など諸説ある。

◆神岡鉱山

神岡鉱山は、高原川中流域にあって、主として鉛・亜鉛を産出するが、金・銀・銅を産出したこともあったと言う。八世紀初めに発見されたと言われ、一六世紀末から、飛騨領主の金森氏により開発が進められた。一七世紀末からは江戸幕府の管理下に置かれた。明治維新後、一八七四年に三井組（後の三井金属鉱業）に払い下げられ、我が国の代表的な非鉄金属鉱山として発展し、鉛・亜鉛では国内採掘量の八〇％を占め、採掘のほか選鉱・精錬や加工も行っている。

当鉱山からの排水にカドミウムが含まれていたため、大正時代以降、高原川（神通川）下流の富山県婦中町《ふちゅうまち》で、骨軟化症や腎臓障害等を起こすイタイイタイ病患者が多発し、一九六八年、公害病に認定された。また、神通川を水源とする水田が汚染され、食用に供し得ない米が生産されて、農家を苦境に陥れた。これを機に国の公害対策もようやく整備されてゆき、企業もその名称を神岡鉱業と改めた。

神岡町

神岡町の中心地船津《ふなつ》は、高原川の西岸にあり、室町時代には高原川の渡船場、江戸時代には越中中街道と越中東街道との分岐点にあって、宿場町であり、鉱石や木材を搬出し、米や海産物を搬入する高原川の河港として栄えた。

明治時代になり、神岡鉱山の隆盛に伴い、選鉱・精錬等の工場が大きくなり、従業員が増え、社宅・宿舎ができ、関連企業も進出して、高原川の両岸を幾重にも埋め尽くす。船津は神岡鉱山の企業城下町と化していた。

一九五〇年、船津町と近隣の阿曽布《あそぶ》・袖川《そでかわ》の二村を合併して、神岡町が成立した。面積は三一〇平方キロの面積を擁するが、町域の九五％は山林である。鉱山は順調に発展して人口も伸びていたが、前述の六〇年代に顕著となるイタイイタイ病や七〇年代の鉱山不況から、減少に転じて一万一〇〇〇人台になっていた。

神岡と外部とを繋ぐ公共交通機関としては、神岡鉄道が廃止（後述）されて以来、路線バスに頼ることになる。路線バスは高山と富山とから、古川経由で一日八往復運行される。

神岡の町をめぐると、高原川東岸の高台にある神岡城が目につく。戦国時代、武田信玄の家臣江馬《えま》氏の居城として建てられ、一七世紀末に廃城となり、一九七〇年、当初の様式で復元された。二層三階の天守閣では神岡の町や周囲の山々を眺望でき、刀剣・鎧・馬具などが展示される。隣の旧松葉家は、明治初期に建築された飛騨地方の民家を移築したもので、高原郷土館と名付けられ、江戸～明治期に使用された農具や民具を展示する。神岡城に隣接する鉱山資料館では、江戸時代の手掘りから現代の機械掘りに至るまでの歴史を、鉱山で使われた用具や鉱石、採鉱の工程をパネルや模型で分かりやすく展示している。

毎年四月第四土曜日に催される神岡祭は、町内の大津神社、朝浦八幡宮、白山神社の合同例祭で、高山・古川の祭と共に、飛騨三大祭に数えられる。七〇〇人を超す町民による神輿行列が行われる壮大な祭で、神岡に春を告げてくれる。

神岡町の北部、神岡鉱山の茂住《もずみ》鉱区は、世界最先端の宇宙物理学の研究拠点に変貌しつつある。一九八三年に、東京大学宇宙線研究所神岡宇宙素粒子研究施設が設置され、カミオカンデ、スーパーカミオカンデ等の観測装置で、宇宙素粒子の観測を行っている。この研究を推進してこられた小柴昌俊氏、梶田隆章氏がノーベル物理学賞を受けたのをはじめ、国道41号線沿線にノーベル賞受賞者が大勢輩出していることから、国道41号線は「ノーベル街道」とも呼ばれる。地元でも研究施設の周知に努め、道の駅「宙《すかい》ドーム神岡」にはスーパーカミオカンデの模型等を展示している。

◆神岡鉄道

神岡鉱山で産出した鉱石の搬出は、従来、高原川の川運または飛騨街道の人・動物（牛・馬）による運送が行われていたが、一九二三年ころからは個人経営で船津（神岡）—笹津（富山市）間三八・八キロの神岡鉄道線が開業した。軌間（610ミリ）の軽便鉄道で、当初は馬車軌道であったが、その後、蒸気機関車に転換した。また、貨物のみの営業であったが、四七年に旅客営業も開始した。営業主体は、個人から鉱山を経営する三井金属鉱業に変わっている。

国鉄の路線として、神岡線の建設が開始されたのは五〇年代になってからで、国鉄から承継した日本鉄道建設公団の手で、一九六六年一〇月六日に猪谷—神岡間一九・九キロが開業した。軌間1067ミリの単線非電化で、起点から終点まで一五—二〇‰の一方的な上り勾配が続く。勾配や曲線を抑えるために、山地をトンネルで貫く線形が採られており、トンネル延長が六〇％以上になる。これに伴い、軽便鉄道は六七年初めまでに廃止された。七駅が開設されたが、島式ホームで出改札が行われる有人駅は神岡鉱山前駅のみで、他の六駅は片面式ホームの無人駅で、一日当たりの乗降客は一〇〇人未満であった。

開業当初は、神岡線の貨物輸送は、鉱山を中心に好調であったが、徐々に縮小され、八四年には貨物営業が廃止となり、旅客営業も、乗降客の減少により、八一年、国鉄再建法に基づく第一次廃止対象路線に指定され、八四年九月三〇日に廃止された。八四年一〇月一日に第三セクターの神岡鉄道会社が再発足し、国鉄の神岡線を継承した。

だが、神岡鉄道の乗降客は伸びず、赤字が累積し、他方、同社の収入の大半を占める神岡鉱山からの貨物輸送が二〇〇四年に全面廃止となり、営業継続が困難と判断された。そして、神岡鉄道は、〇六年一二月一日に廃止され、四〇年間の鉄道路線は幕を閉じた。

神岡鉄道の廃線跡は、トンネル・橋梁・路盤は勿論、駅舎もホームもほとんどそのまま残っている。この廃線跡のレールを利用して、マウンテンバイクを走らせる事業「レール

旧飛騨神岡駅　旧事務室は美容院

マウンテンバイクGattan Go（ガッタンゴー）」を旧神岡鉱山前駅—旧飛騨温泉口駅間（約三キロ）で開始した。レールの上でサイクリングをするようなもので、さわやかな風を浴びて、高原を走る若者達は健やかで、楽しそうだ。また、旧飛騨神岡駅のコンクリート高架の途中に設けられた旧事務室は、美容院として利用されており、新しい有効利用が期待される。

第3章

富山県の旅

——越中地方——

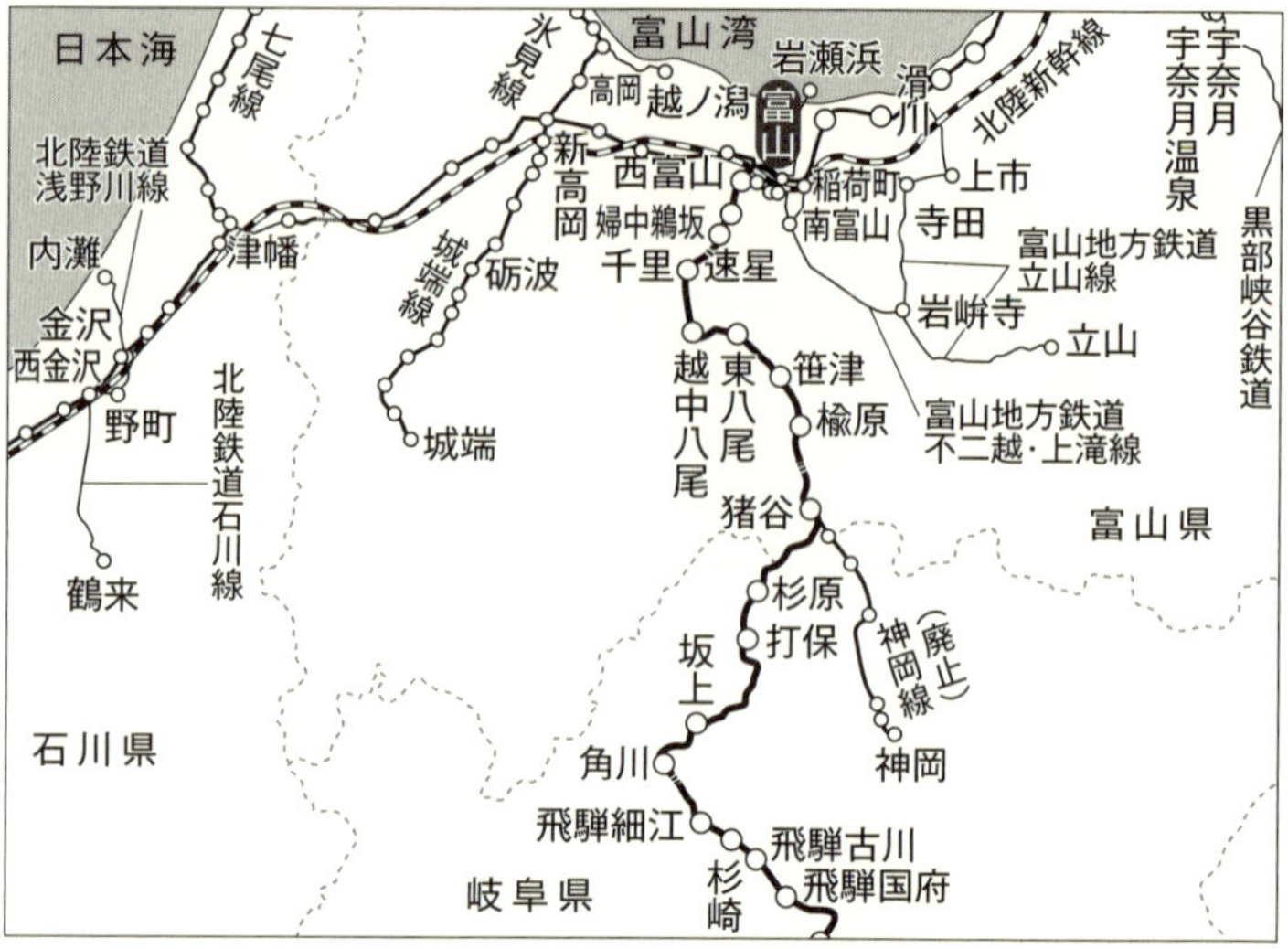

第6図　越中地方の鉄道路線図

越中国は、現在の富山県全域を指す旧国名で、北陸道の一つであった。北陸道は、五畿七道の一つで、鳥居本（滋賀県）に発し、日本海沿岸を北上して新潟に至る街道、及び、この街道沿いの地方をまとめた諸国（北陸地方）を指すこともある。古くは、北陸地方は「越《こし》の国」と呼ばれた。越の国は七世紀後半には、京都に近い順に越前（福井県）、越中（石川県、富山県）、越後（新潟県）に分割された。

富山は北が日本海に面し、他の三方はおおむね高く険しい山岳に囲まれる。富山湾には何本も急流河川が流れ込み、そこには肥沃な扇状地が築かれ、農林漁業、そして工業も盛んな地域である。

富山県内（一）婦負郡

婦負《ねい》郡は富山県南部にあって、神通川に沿った北向きの傾斜地にある。県の南部地域一帯は婦負郡と上新川《かみにいかわ》郡に属していたが、二〇〇五年、両郡とも富山市に合併され消滅した。

高山本線では、猪谷駅（手前四・九キロ）から婦中鵜坂駅（先一・一キロ）までの三六・四キロの区間を対象とする。

前半は、神通川の渓流に沿って、二〇‰の急勾配・R３００の急曲線で北に向かって下る山岳路線だ。風・雨・雪・落石・土砂等に対する防護策が講じられる。中間は山岳と平野が混在する区間で、勾配も曲線も徐々に緩やかになる。最後は富山平野の中を、直に北に行かずに、西に膨らませた経路を描く。

婦負地方の風景を眺めると、馬蹄《ばてい》形状に三方を山々に囲まれ、北の一方のみが富山湾に開いている。手前の県内東部には黒部・立山の三〇〇〇メートル級の山々が連なり、その背後には、新潟県境の白馬岳《はくばだけ》・長野県境の鹿島槍ヶ岳《かしまやりがたけ》を中心とする後立山《うしろたてやま》連峰、南東には長野・岐阜県境の槍ヶ岳・穂高岳、南には乗鞍岳や長野県の御嶽山がはるか遠くに浮かぶ。また、西には両白山地の山々が並び、冬の晴れた日には白山の主峰御前峰も望めるそうだ。婦負地方の中央部を南北に割るように神通川が流れ、その先には富山平野の水田地帯が大きく展開する。

なお、婦負地方の鉄道は、飛越線として富山方から順次開業して、終点方の越中八尾《えっちゅうやつお》―富山間は一九二七年の第一次開業区間であり、二九年に越中八尾―笹津間、三〇年に笹津―猪谷間が開業した。

猪谷

猪谷駅

杉原駅を出た高山本線は、トンネルと雪覆い・防雪柵が連続する中を、北東に向かって下る。三・八キロほど下った加賀沢トンネル入口（岐阜起点一八四・三キロ）付近で、岐阜県旧宮川村（現・飛騨市）と離れ、富山県旧細入村《ほそいり》（現・富山市）に入る。二キロ余進

猪谷駅　JR西日本とJR東海に跨る長いホーム

んで後、高山本線は蟹寺地区からR３００で左折して北に向かう。ここは、高山線と一緒に南西方向から流れてきた宮川が、南東方向（神岡方）から流れてきた高原川を吸収して神通川となり、また、越中西街道（国道３６０号線）が、越中東街道（国道41号線）に吸収される地点でもある。高山本線と国道41号線・神通川が一キロ余り並行して北西に向かい、旧神岡鉄道の路盤築堤が近づくと猪谷駅に着く。杉原からの駅間距離は八・七キロ、起点岐阜から一八九・二キロ、逆に終点富山から三六・六キロの位置にあり、標高は二一七メートルとなる。

猪谷駅は、一九三〇年一一月二七日、飛越線の中間駅として、婦負郡細入村猪谷（現・富山市猪谷日暮）に開設された。Ｊ

R東海とJR西日本の境界駅で、JR西日本に所属し、岐阜方から富山県最初の駅になる。

島式ホーム一面二線だが、八七年に無人駅になった。特急〈ひだ〉の全四往復が停車するが、運転士・車掌は会社別に交代する。普通列車は岐阜方も富山方も全て当駅で折り返し、双方を直通する列車は存在しない。停車位置も岐阜方は南端、富山方は北端を使っており、双方の普通列車に乗り継ぐには、延長三〇〇メートル近くあるホームの上を一〇〇メートル以上歩かねばならない。駅舎とホームも構内踏切で結ばれる。乗降客は一二〇人程度だが、最盛時には六〇〇人ほどあったという。

駅舎は、開業当初の木造駅舎だが、待合室はそのまま、事務室は運転関係の職員詰所に使用されており、近距離用の自動券売機、飲料水の自動販売機が設置されている。

旧国鉄神岡線を継承した第三セクターの神岡鉄道（二五八ページ）は、猪谷を起点とし、一番線の岐阜方を切り欠いた欠端式の三番線ホームから発着していたが、廃止後は二番線との間に柵が設けられ、線路も撤去されている。

駅構内は、神岡鉱山の貨物を取り扱っていたので広いが、積込設備は使用されておらず、職員用の中層アパートは空家のままで残っている。

猪谷の駅名は、所在の字名によるが、猪谷は入谷《いりたに》が詰まったもので、谷が奥深くまで伸びている、谷が深く入り込んだ土地を意味するようだ。

富山方から来た高山本線の普通列車は、全て猪谷で折り返し、富山に向かって戻る。車両もＪＲ西日本の富山運転センター所属のキハ１２０系３００番台の気動車になる。猪谷―富山間の高山本線は、北陸本線［米原（滋賀県）―敦賀―福井（福井県）―金沢（石川県）―富山―直江津（新潟県）］の支線の色彩が強まっている。

◆猪谷関所跡

飛騨国と越中国、高山または神岡と富山とを結ぶ道としては何本かあったが、江戸時代になると、宮川沿いの越中西街道と、高原川沿いの越中東街道とに集約され、両道の輸送量は物資、旅人とも増大した。国境を接する各藩では、関所（口留番所《くちどめばんしょ》、単に番所とも言う）を要所に設けて、国境や通行人の出入りを監視し、出入りする物資（鉱石・木材・米・魚・塩など）に口役銭（税金）を課税し、徴収した。関所は、富山藩が神通川左（西）岸の西猪谷に西猪谷関所、加賀藩が神通川右（東）岸の東猪谷関所、天領高山が宮川と高原川の合流点の南の岐阜県宮川村（現・飛騨市）中山に関所を設置した。

猪谷関所は、猪谷駅から国道41号線を南に三〇〇メートルほど行ったところに設けられ、「史跡猪谷関阯」の石碑が立っている。富山藩が一六六七年に西猪谷口留番所の名で設置したもので、街道に面して関所御門を建て、中央に関所の事務室、周辺に関所役宅・関守《せきもり》居宅等が設けられたという。

猪谷関所から猪谷駅に戻るすぐ手前に、猪谷関所館が一九八八年に開館した。関所関係の史料や調度品、関所の模型、人と物が行き交う飛騨街道や神通川の様子、荷馬車から鉄道・高山線への変化……等々が、郷土の猪谷・細入・婦負と関連づけて、調査分析され展示されている。この展示物は、猪谷関所の関守を代々務めた橋本家に保存されていた二〇〇〇点に及ぶ古文書の解読で裏付けられている。細入村立（現在は富山市立）の小さな博物館だが、豊富な史料と地道な研究で充実している。

さらに猪谷関所館では、同館の企画展として、二〇一五年一月二四日〜五月一〇日の間、「祝八〇周年　高山線の歴史と猪谷」展（注1）を開催している。

猪谷駅から駅前通りを東に一〇〇メートルほど下って国道41号線に出ると、神峡橋《じんきょう》である。神峡橋は、神通川・神通峡に架かる数少ない橋の一つで、「野仏《のぼとけ》の里」を経由して、東猪谷に通ずる県道だ。この県道沿いには、身の丈五〇センチ程度の仏像を五〜一〇体ほど集めてまつる祠《ほこら》が何箇所か置かれている。仏像は、木・土・石・陶……と思い思いの材料で作られており、素朴なものが多い。これは、婦負地方では仏教への信仰が厚いことによると言う。

江戸時代の富山藩では、外敵の侵入、藩民の逃亡、物資の密貿易等を防ぐために、また、深い谷や岩盤、急流等で技術的に架橋が難しいことから、橋を架けることを禁止していた。そこで、神通峡のように、山中で、断崖絶壁の両岸から人や物を運搬する手段として「籠渡《かごわた》し」の方法が採られた。川の両岸に、山葡萄や藤の蔓《つる》をよった大綱を張り渡し、人や物を入れた籠を吊り、別の綱で引き寄せて渡す方法で、神通川では前述の中山・蟹寺等でも行われた。

注1　「高山線の歴史と猪谷」展　私はこの企画展に賛助出展を依頼され、「高山線なぜなぜ」の題で、一畳分の展示板に出展させて頂いた。高山線の車内や駅、タクシー、観光案内所、商店等で話題になったことから次の八項目を選び、これに回答する形で作成し、「みなで乗って高山線を活性化しよう」と結んだ。

高山線なぜなぜ
①高山線はなぜ建設されたか
②なぜ高山線と名付けられたか
③高山線はなぜ高山本線と呼ばれるか

④高山線の普通列車は、なぜ猪谷で折り返すのか、直通運転されないのか
⑤高山線はなぜ複線化されないのか、単線なのか
⑥高山線はなぜ電化されないのか、気動車で運転されるのか
⑦高山線の速度はなぜ遅いのか
⑧高山線の運賃はなぜ高いのか

楡原

楡原駅

猪谷駅を出た高山本線は、神通川を右下に見ながら、北北西に進む。岐阜県境から猪谷を経て笹津に至る約一五キロの間は神通峡《じんつうきょう》と呼ばれる景勝地で、深い谷は木々の緑・岩の黒・水の青さに、花の多彩な色も加わると、素晴らしい光景である。しかも、神通峡沿いに進む高山本線は、R３００の急曲線、二〇‰の急勾配で激しく屈曲する。神通川のみが大きく屈曲する庵谷《いおりだに》峠付近では、峠トンネル（延長一〇九七メートル）と庵谷トンネル（六〇七メートル）で、岩山を掘削して短絡する。駅間距離七・〇キロで**楡原**《にれはら》駅に着

く。標高は、七〇メートルほど下がって、一四八メートルとなる。

楡原駅は、一九三〇年一一月二七日、飛越線の中間駅として、婦負郡細入村楡原（現・富山市楡原）に開設された。細入村の玄関駅として、相対式ホーム二面二線であったが、六九年に無人化され、駅舎から遠い西側の二番線ホームは撤去され、二番線に通じる地下道も閉鎖された。現在は一面一線の単式ホームだけで、乗降客は一〇〇人を割り、往年の四分の一に減っている。駅舎は、国道41号線とほぼ同じ平面にあるが、ホームは斜面中腹にあって、三〇段ほどの階段を上らなければならない。

駅前には、「細入村百周年記念ふれあい広場」が造成され、子供の遊び場も花畑もよく手入れされている。

駅名は、所在の字名を採ったが、楡の木は落葉高木で、堅く真っ直ぐなので建築材・器具材として重用される。楡は婦負郡の山林に繁茂していることから、婦負郡一帯を楡原・楡原保と称したことに由来すると言う。

旧細入村

旧細入村は、富山県の南部、婦負郡に属し、岐阜県に接し、神通川中流域の西（左）岸にある山村で、面積は四〇平方キロメートル、人口は二一〇〇人を擁したが、年率一・

五％で減少している。

細入村は、一八八九年、加賀沢・蟹寺・猪谷・庵谷・楡原・細入等の九村が合併して成立した。その後一二〇年余、合併も分村もすることなく、同じ村制を維持してきたが、二〇〇五年、平成大合併で富山市に合併された。

村名の細入は、富山平野南端から飛騨山中に細長く入り込んでいる村域に因むと言う。また、郡名の婦負《ねい》は、古代にこの地方を統治した女酋長婦負の名前に由来すると言う。

深い谷を彫る神通川（神通峡）と、飛騨国と越中国を結ぶ飛騨街道が南北に走り、街道沿いに集落が続いて立地している（街道集落・集落街道とも言う）。仏教信徒がほとんどだが、庵谷より南部では大淵寺《だいえんじ》（曹洞宗）を中心とする禅宗信徒、庵谷以北では上行寺《じょうぎょうじ》（日蓮宗）を中心とする法華《ほっけ》信徒が多い。しかも集落は一つの宗派に結束していることが多く、苗字も集落ごとに一または精々二、三に統一されているようだ。

楡原の集落や駅を見下ろす御鷹山《おたかやま》（標高六七五メートル）の中腹には、堂々とした構えの不退山上行寺《ふたいさんじょうぎょうじ》が、杉の巨木が茂る静けさの中に鎮座する。一二〇五年、鎌倉武将の一人畠山重忠の菩提寺の法雲寺《ほううんじ》（真言宗）として創建されたが、一五世紀初め、日蓮宗に改宗され、以来、細入周辺の法華信仰の中心となっている。

村内には、明治末期から水路式電源開発が進み、昭和初期にかけて庵谷第一、第二、蟹寺の発電所と、神通川第一、第二、第三ダムが相次いで建設された。これらの発電所やダムは、高山本線の車窓からも眺めることができる。農業（米・ラッキョウ）の生産、工業（製材）等も行われているようだ。

笹津

笹津駅

楡原駅を出た高山本線は、一キロほど北進して後、北西に向きを変え、岩稲トンネル（延長六〇六メートル）を抜けて、一六‰程度で下る。第二神通川橋梁（同一九八メートル）を渡り、旧大沢野町《おおさわのまち》に入り、平坦になると笹津駅である。駅間距離は四・三キロで、標高は一〇五メートルまで下がる。

笹津駅は、一九二九年一〇月一日、上新川《かみにいかわ》郡大沢野村笹津（大沢野町笹津を経て、現富山市笹津）に、飛越線の中間駅として開設された。大沢野村の玄関駅として開設され、島式ホーム一面二線と、大きな駅舎とが跨線橋で繋がれていた。貨物の取り扱いをしていたので、構内は広く、側線には貨車が何両も留置されていたと言う。その駅舎は、町の集会施設も兼ねた待合所に二〇〇五年に改築されており、近距離用の自動券売機が設置される。一九九〇年代には、急行列車〈のりくら〉が停車したが、その後無人駅となり、今は特急列車は停車しない。乗降客は二八〇人程度で八〇年代の七〇％程度に減少している。

笹津町

笹津駅は、高山線沿線で最も古い駅であったが、高山線の開業等に伴い廃止された。一つは、富山地方鉄道（当初は富山軽便鉄道）笹津線で、国鉄富山駅から神通川沿いに南にほぼ直進して笹津に至る一七キロ余の路線である。一九一四年に建設されたが、国鉄飛越線（現・高山線）と競合するので、三三年に飛越線開業に伴い廃止された。また、神岡鉱山（二五五ページ）との関連で、三井金属鉱業（当初、西村小次郎個人）の神岡鉄道線で、船津町（神岡）から猪谷を経て笹津に至る三八キロ余の軽便鉄道であった。二三年に建設され、三一年に飛越線開業に伴って猪谷―笹津間が、五七～六七年の間に国鉄神岡線の開業に伴って船津町―猪谷間が順次廃止され、現在は残っていない。

笹津の駅名は、所在地の字名を採ったが、笹津は、篠津《しのつ》とも言われる。古くから飛騨街道の宿場町として栄え、神通川の河港・渡し場があり、渡し場には笹や篠が繁茂していたことに由来する。

旧大沢野町

旧大沢野町は、富山県中部、神通川右（東）岸の扇状地を占める。町名は、江戸時代の原野名に由来し、湧水の出る広大な礫層地の原野であったことに由来する。

大沢野村が一九三九年に単独で町制を施行し、五三～五四年にかけて黒瀬谷《くろせだに》・船峅《ふなくら》・下《し》夕《た》・大久保の四町村を合併して、大きな町となっていた。江戸時代から、用水開削・農地開拓が進み、飛騨街道の宿場や渡しも賑わった。一九世紀末には全国三番目の水力発電所ができるなどして、豊富で安い電力と水を求めて工場が立地した。

旧大野沢町は、七五平方キロメートルの面積を擁し、人口も年率〇・五％以上の伸びを示して二万二八〇〇人を超し、製造品出荷額も紡織・薬品等で七〇〇億円に達した。農業も米・イチジク等で農業生産額が一四億円ほどあった。

なお、大沢野町は、二〇〇五年の平成大合併で、細入村・婦中町等と共に、富山市に合併されて、廃止となった。

旧大沢野町には、古代からの遺跡、古い格式ある神社仏閣があり、立山（注2）信仰に縁があり、近代様式の公園・橋梁等も豊富なので、これらを探訪することにしたい。

笹津駅の周辺では、駅の南東二〇〇メートルの神通川に架かる笹津橋は、美しい弧を描くコンクリート橋で、国の有形文化財に指定される。同じく南東一キロにある神通川第二ダムには富山県の漕艇場があり、国民体育大会の会場にもなった。駅の南西六〇〇メートル、神通川第三ダムを見下ろす台地には春日温泉があり、富山市内から一番近い温泉として、健康増進施設が賑わっている。

◆姉倉比売神社

笹津駅の東にそびえる船峅山《ふなくらやま》（身倉山）の中腹には、赤松と赤樫《あかがし》の林の中に姉倉比売《あねくらひめ》神社が鎮座する。姉倉比売神社は、古代、この地方を統括した姉倉比売（姫）を祀る神社として開創された古い神社だが、銅板葺きの現在の社殿は江戸時代に加賀藩によって建立された。この神社から階段を下りたところにある船峅山帝龍寺《たいりゅうじ》（真言宗）も八世紀初めに建立された寺で、京都の法輪寺《ほうりんじ》から遷座した虚空蔵菩薩を本尊とする。さらに、姉倉比売神社と帝龍寺は、立山本体を御神体とする立山信仰の中心となり、遥拝所でもあった。

姉倉比売神社と帝龍寺との間にある寺家《じけ》公園は、寺家出身で京都在住の医師加藤幸次郎氏が、一〇年の歳月と巨額の私財を投じて造成した二五万平方メートルの公園で、京都嵐山を模している。花見や紅葉の時期に訪れる人が多い。また、この地方では観音信仰も盛んで、加藤氏が中心となり、園内や周辺の観音像三三体を集めて、船峅山西園霊場観音として開かれた。さらに、船峅台地の南端には、縄文中期の遺跡の直坂《すぐさか》遺跡や猿倉山《さるくらやま》スキー場がある。

◆大久保発電所

笹津駅から北に五キロ、国道41号線・飛騨街道沿いにある大久保発電所は、日本で三番目に早く稼働した水力発電所である。富山市街から僅か一二キロの塩《しお》地区に、二〇メートルの落差を利用して、一五〇キロワットの出力の発電所を建設し、一八九九年、市内に約一〇〇〇戸の電灯を点した。これには、二人の青年実業家、金岡又左衛門《かなおかまたざえもん》・密田孝吉《みつだこうきち》の研究と努力によるところが大きい。

同じく塩地区にある多久比礼志《たくひれし》神社も古い神社の一つで、彦火火出見命《ひこほほでみのみこと》、豊玉姫命《とよたまひめ》、塩土老翁《しおつちのおじ》を祭神としている。この塩地区の地名も塩水を湧出したところを意味し、老人が現れて製塩の技術を指導したことからこの老人を神として祀ったと言う。多久比礼は楮《こうぞ》の繊維で作った栲領布《たくひれ》（栲領巾）を意味し、塩地区に機織《はたおり》の技術を伝えたと言われる。

注2　立山　富山県南東部、飛騨山脈の北西に連なる山々を立山連峰と言う。単独の山ではなく、立山連峰中の雄山《おやま》（標高三〇〇三メートル）を主峰として、北の大汝山《おおなんじやま》（三〇一五メートル）、南の富士ノ折立《ふじのおりたて》（二九九九メートル）の三峰からなる鐘状火山。その美しい姿から、富士山・白山と並んで日本三名山と言われる。今でこそ立山黒部アルペンルート

の開通や技術の進歩で立山登山は容易になったが、古くは山中に籠もって修行する修験者などによる立山信仰が八世紀からあった。

東八尾駅と120型気動車

八尾

東八尾駅

笹津駅を出た高山本線は、R1600の大きな曲線で北西に向きを変える。勾配も八〜一〇‰程度の緩やかさになり、三キロ余の直線が続く。飛騨山脈や立山連峰を望めるが、近くの山々も低くなって、里山の域になる。神通川の扇状地で、高山山地を出て富山平野に入り、周囲も田畑や宅地が増え、高山本線も山岳路線から田園路線に変質したようだ。

高山本線は平坦区間に入り、蛇行する神通川を延長三三八メートルの第一橋梁で東から西に渡り、五〇〇メートルで東八尾《ひがしやつお》駅に着く。駅間距離は四・五キロ、標高は七九メートルまで下がる。

東八尾駅は、開業後の一九五六年六月一日、婦負郡八尾町城生《じょうのう》（現・富山市八尾町城生）に開設された。単式ホーム一面一線のみで、開設当初からの無人駅である。駅舎もなく、自動券売機も設置されていないが、ホームには長椅子が置かれた待合所がある。ホーム中央には起点から「二〇五キロ」を示す距離標が立つ。乗降客は二五〇人程度で、二〇年前に比べて倍増している。周辺を見ると新しい住宅が増えているようだ。

なお、東八尾の駅名は、八尾町の東部に開設された駅を示している。

越中八尾駅

東八尾駅を出た高山本線は、すぐに左に折れて西に向かい、さらに左に回って南西に向かう。井田川《いだ》(注3)を延長一五〇メートルの第三橋梁で渡って、南東から巻き込むようにして越中八尾《えっちゅうやつお》駅に着く。駅間距離は三・七キロ、標高は六三メートルまで下がる。

越中八尾駅は、飛越線の第一次開業区間（富山—越中八尾間）の終点駅として、一九二七年九月一日、婦負郡保内《やすうち》村福島《ふくじま》（八尾町福島を経て富山市八尾町福島）に開設された。

越中八尾駅　平屋だが風格がある

二面三線式ホームの業務委託駅で、富山を始発終着とする特急列車〈ひだ〉の全四往復が停車し、富山発の普通列車二〇本のうち半数の一〇本程度が当駅で折り返す。乗降客は一七四〇人に達し、二〇年前より三〇%近く増加している。

駅舎は、開設当時の木造平屋だが、八尾町の玄関口として堂々とした風格がある。みどりの窓口や売店も設置されている。

駅名の八尾は、当駅の所在地の町名で、①山の尾根が四方八方から沢山集まってくる、②各々の谷や道が八方に通じる、場所に由来すると言われる。さらに、旧国名の越中を冠したのは、同字で異音の八尾《やお》駅（大阪府）が関西本線に既に開設されていたことによる。

注3　井田川　神通川の支流の一つで、飛騨山地の金剛堂山《こんごうどうざん》（標高一六五〇メートル）斜面に発し、富山県中央部を北流し、富山市街の西方で神通川に注ぐ延長五〇キロの河川。上流の山地急流部では水力発電、中流の八尾では「風の盆」など風情ある光景、下流の速星では富山平野に出て扇状地をつくる。

旧八尾町

旧八尾町は、富山県中央南部、婦負郡に属し、井田川の流域を広く占めている。面積は二三七平方キロメートル、人口は二万二〇〇〇人台ながら、二〇〇〇年代に入って微減から微増に転じたようだ。これは、町内に工業団地や住宅が増えていることによるのだろう。

町名は、多くの山や谷が集まってくるところを意味し、八尾町はこうした山や谷を統合するかたちで拡大した。一八八九年、核となる八尾の中心部が町制を敷き、一九五三年、近隣の五町村を合併し、五七年、さらに三村を合併して今日の姿となった。

中心の集落（八尾旧町）は、井田川支流の河川が合流する谷口集落として、段丘上に形成されたので坂が多い。聞名寺《もんみょうじ》（浄土真宗）が一六世紀半ばに大きな寺院を築いたことから、八尾は聞名寺の門前町として発展した。江戸時代には、周囲の山村との交易で賑わい、養蚕や和紙などの産業も興った。特に和紙は、富山売薬の包み紙や薬売りが使用する鞄にも利用され、重用されていた。こうした繁栄に伴い、風の盆・曳山祭《ひきやままつり》・民謡「越中おわら節」等の独特な町人文化も誕生した。

今日では、開田も進んで米や野菜の生産が行われ、農業生産額は一八億円を超える。製造品出荷額も、富山八尾中核工業団地を造成して、電機通信部品・鉄工・機械等で、一一三三億円に達している。

◆聞名寺

越中八尾駅を降りて南東に向かい、井田川を渡り、かなりきつい勾配の坂道を登っていくと、堅固な高い石垣と杉の巨木が目につく。ここが聞名寺で、大きな本堂の屋根は重々しい銅板葺だ。隣の八幡社は五月に行われる春の祭礼の舞台である。曳山祭と言われ、繰り出した六台の曳山が町内を練り歩き、夜には提灯をつけてもう一度一回りする。二七〇年余の歴史を有し、県指定有形民俗文化財に指定され、郵便局近くの曳山展示館にはこれらの曳山が常時展示されている。

八尾旧町は、通りに石畳が敷かれ、柳が植えられ、格子戸・土蔵・白壁の住居や商店が並ぶ町並みが随所に見られる。

◆風の盆・越中おわら節

こうした昔の面影を残す町並みの中で、風の盆が行われる。「風の盆」は、毎年九月一〜三日に、八尾町の旧町で開催される祭で、二百十日に台風が来ないことと豊作を祈願して、民謡「越中おわら節」に合わせて、町中を三日三晩踊り回る行事で、三〇〇年以上の伝統があると言う。町は一一の支部に分かれていて、本番前の一一日間は、おわら前夜祭と称して、各支部が分担して踊り、町中を回って歩く。胡弓《こきゅう》・三味線・太鼓が奏でる音曲は独特の哀調を漂わせ、聴く人の心に染みわたると共に、踊りの優雅さを引き立てる。静かな祭であったが、近年、見学者も二〇万人を超えるとのことだ。私は、十数年前、学生時代の友人達と風の盆に行く機会を得たが、初秋の夜の幻想的な祭は今も印象に残る。

風の盆の唄に使われる「越中おわら節」は、一八世紀の初め、藩から拝領した八尾「町建て」の重要文書が返されたことを喜んで、八尾の人々が総出で唄い踊って町内を練り回ったことが始まりと言われる。その歌詞については、①お笑い節から転じた、②豊年を祈り、稲藁の束《たば》が大きくなるようにと祈る、③近在の小原村出身の若い女性が歌った子守歌、などの説がある。この越中おわら節の保存普及に尽力したのが八尾出身の医師の川崎順二氏で、彼の住居跡に、町屋風の建物で八尾おわら資料館を建てて、越中おわら節や風の盆等の資料を展示している。

速星

千里駅

越中八尾駅を出た高山本線は、国道41号線及び神通川と離れ、代わりに国道472号線（富山県射水市新湊―岐阜県郡上市八幡）及び井田川と並行して、北に向かってほぼ直進する。丘陵と平地の境界地帯を五～一〇‰の緩やかな勾配で下り続ける。平野部に入ったところで婦中《ふちゅう》町となり、間もなく千里《ちさと》駅に着く。駅間距離は四・九キロ、標高は二七メートルまで下がる。

千里駅は、飛越線の第一次開業区間の中間駅として、一九二七年九月一日、婦負郡千里村大坪森田（婦中町千里を経て富山市婦中町千里）に開設された。相対式ホーム二面二線で無人駅だが、開設当初からの木造駅舎が残り、近距離用の自動券売機が設置されている。乗降客は八三〇人で、二〇年前よりも二〇％以上増加している。

駅名の千里は、所在地の旧村名によるが、一八八九年の町村制施行時で旧三村が合併して新村が設立された際、めでたいしるしとして命名されたと言う。

千里駅の周辺をめぐると、西側の丘陵部の国道472号線沿いには、古墳や古い寺院が多い。

◆各願寺

千里駅から国道472号線で北北西に四キロ、呉羽丘陵（三一〇ページ）の中腹にある各願寺《かくがんじ》（真言宗）は、婦負郡の仏教文化の中核となる古刹である。八世紀初めの創建と伝えられ、北叡山《ほくえいざん》と称し、京都の比叡山延暦寺《ひえいざんえんりゃくじ》と対峙するほどの勢力を有していた。法相宗・天台宗へと改宗を続けたが、一五二三年、玄弘僧都《げんこうそうず》が真言宗に改宗して再興した。江戸時代には富山藩の祈願所となった。巨木に囲まれた境内は多数の堂塔が建立され、周辺には遺跡も多い。山門から富山平野を一望でき、立山連峰と対峙し、飛騨山脈や後立山もすぐ近くのように望める。各願寺の裏山一帯には、四、五世紀に築造された古墳が多くある。中でも王塚《おうづか》（国史跡）と勅使塚《ちょくしづか》（県史跡）が代表的なもので、前方後円墳も見られる。

西光寺《さいこうじ》（浄土真宗）は、各願寺から二キロほど下った長沢地区にあって、明治維新のころ、長崎で捕まった切支丹《きりしたん》（キリスト教信者）を収容して、改宗教諭を行ったところであった。西光寺には、古銭で繋いだ十字架など当時の遺品が残されている。

千里駅の西一・五キロにある常楽寺《じょうらくじ》（真言宗）も八世紀初め創建の古刹で、広い境内には多数の寺塔が建立されており、本堂内には木造の観音立像二体が安置される。観音堂前の霊泉加持水《かじすい》は「とやまの名水」に選ばれており、ヒカリモが生育する。

速星駅

千里駅を出た高山本線は、〇・五キロも行かないうちにＲ４０２の右曲線で北東に向きを変える。二キロほど直進した後、井田川を延長一一八メートルの第二橋梁で渡り、Ｒ１６００の左曲線で北北東に向きを変えて、速星《はやほし》駅に着く。この間、三～六‰の勾配で下り続けるが、井田川の川床が上がっているので、両岸の築堤を乗り越えるために、橋梁の前後で各二〇‰の勾配をつけて、線路を上げ下げしている。この結果、標高は一四・三メートルまで下がり、駅間距離は四・三キロである。

速星駅は、飛越線の第一次開業区間の中間駅として、一九二七年九月一日、婦負郡速星村御門（婦中町速星を経て富山市婦中町速星）に開設された。二面三線式ホームの業務委託駅で、富山を始発終着とする特急列車〈ひだ〉四往復のうち二往復が、二〇一三年四月から停車するようになった。また、朝の通勤通学時に、富山との間の普通列車一本が折り返す。乗降客は、一九六〇人を超え、二〇年前の二倍以上に達し、高山本線の富山県内の中間駅では最多である。

西に隣接して日産化学の工場があり、駅から工場に専用線が延び、鉄道貨物が取り扱われ、富山駅との間に貨物列車も運行される。

速星駅　隣接した工場の貨物駅を兼ねる

駅舎は開設当時の木造平屋だが、婦中町の玄関駅として改修も施され、整備されている。駅舎の横には、高山線開業五〇周年記念として、九六〇〇型蒸気機関車の車輪とプレートが置かれている。

駅名の速星は、開設時の所在地の村名によったが、村名は古くから式内速星神社が鎮座していた土地の周辺を速星と呼んだことによるそうだ。

◆飛越線の経路

高山本線笹津―富山間の経路は、前述のように、南から北への直線ではなく、西に半円弧を描いている。笹津から西に膨らんでゆき、越中八尾―千里間を最西にしており、以後は東に向きを変え、北の頂点に当たる富山駅付近で収束して元に戻る形になっている。

飛越線の建設の動きは一八九六年ころからあったが、具体的になったのは、高山線（岐阜―高山）の建設に三年ほど遅れた一九二二年ころで、建設工事は富山方から開始された。当初は、神通川・飛騨街道に沿って遡る、すなわち、南下することが計画されたが、当時は神通川の下流部が蛇行して水害も多発していたこと、笹津線を運行する富山地方鉄道が、同線の廃止に難色を示したことなどから、神通川東岸を行く計画は変更になった。代わって登場した計画が、神通川西岸・呉羽丘陵の裾野を、西に膨らんで南下する経路であった。これは、八尾町において猛烈な誘致運動が展開され、有力政治家も関与したと言う。また、速星地区に肥料工場の建設を進める日産化学が、原材料や製品の輸送に鉄道貨物を利用したいと運動したことにもよる。

こうして富山―笹津間の距離は二五・三キロになり、富山地鉄笹津線の一七・四キロに比べて七・九キロも増えたが、勾配や曲線が緩やかになり、直線区間が増えている。

旧婦中町

旧婦負郡婦中町は、富山県・富山平野の中央部、神通川下流部西岸にあった町で、農業・工業・住宅地として今もなお発展を続ける。町名は、婦負郡の中央にあるという意味で、一九四二年、速星村と鵜坂村が合併した際、命名された。五五年、宮川・熊野・朝日の三村、五九年、音川《おとかわ》・古里《ふるさと》・神保《じんぼ》の三村を吸収して、六八平方キロメートルの面積を擁した。二〇〇五年、富山市に吸収されて、旧婦中町は消滅した。

東部の井田川流域は、古くから開田が進み、富山平野の穀倉地帯に位置し、良質米の産地である。スイカ・ネギ等も生産され、農業生産額は二五億円に達する。

神通川の水を農業用水として使用していた地区では、従来から腎臓障害や骨軟化症を主症状とするイタイイタイ病の患者が発生していた。一九六〇年代になって、神岡鉱山（二五五ページ）からの排水に含まれるカドミウムに起因することが判明し、六八年から公害病と認定された。さらに、神通川の水を農業用水として使用する水田・水稲にも汚染が波及し、収穫された米も汚染して食用に供し得ないものが大量に発生し、大きな社会問題となった。

当町の中心地速星地区に、昭和初期（一九二七年）に尿素・硫安製造の化学肥料工場が進出して以来、富山市に隣接すること、工業用水・電力が豊富なことで、工業化が進んだ。製造品出荷額も、化学肥料を中心に一七〇二億円に達し、県内市町村別で第六位に位置し、県内の約五％を担う。近年、鵜坂地区には富山イノベーションパークを設けて、企業の工場誘致を促進している。

婦中町の農村地帯では、かつては大きな屋敷の民家が散らばって居住する散居《さんきょ》集落が見られたが、住宅団地の造成、一戸建て住宅、集合住宅の建築が増加している。新設住宅着工戸数も二九〇戸で、県内の町村中第二位だ。こうして、婦中町は、富山市合併直前の二〇〇三年には、人口が年率〇・五%で増加して三万五〇〇〇人を超えており、富山市のベッドタウンの性格も強まっている。

旧婦中町の町内を探訪すると、丘陵部には仏教寺院が多かったが、平野部では神社が目につく。杉原《すぎはら》神社は、千里駅の東一・五キロ、速星駅の南二キロの田屋《たや》地区、井田川の余川《あまるがわ》橋近くの水田の中に建つ。祭神とする木祖《きのおやのかみ》神・杉原彦《すぎはらひこ》・咲田姫《さくたひめ》は、当地に農業や林業を教えた神で、過労で倒れたので、その徳を偲んで祀ったと言われる。

速星駅の南一・五キロの中名《なかのみょう》地区にある熊野神社は、天つ神の命を受けてわが国土や神を生んで、山海草木を司ったという男神の伊弉諾尊等を祭神として、九世紀以前に創立された古社である。婦中町の総鎮守として、永年信仰を集めてきた。毎年八月二五日の例大祭では稚児舞《ちごまい》(国無形民俗文化財)が行われる。

婦中鵜坂

婦中鵜坂駅

速星駅を出た高山本線は、日産化学の工場を西に見ながら、水田地帯を北北東に直進する。城山に近づき、北陸自動車道に跨がれると、間もなく婦中鵜坂《ふちゅううさか》駅に着く。駅間距離は一・七キロで、高山本線最短である。ほとんど平坦な土地なので、標高は一一メートル程度である。

婦中鵜坂駅は、二〇〇八年三月一五日、富山市婦中町西本郷に、臨時駅として開設され、高山本線で最も新しい駅である。現状では、単式ホーム一面一線のみの無人駅で、ホームは仮設、待合室も小さな屋根があるだけの立席、便所や自動券売機も未設置の状況で、簡素な無人駅である。なお、婦中鵜坂駅は、一一年春までの期限付き臨時駅であったが、一四年三月一五日より常設駅となった。

駅名の「婦中鵜坂」は、富山市に合併される前の町名の「婦中」と、婦中町が一九四二年に成立する以前の旧村「鵜坂」とから合成されたものである。だが、鵜坂と同音または混同される駅は存在しないし、婦中も同音の府中《ふちゅう》（福塩《ふくえん》線・広島県）、府中本町《ふちゅうほんまち》（南武線と武蔵野線・東京都）があるものの異字だし混同される可能性は薄い。①四二年の合併相手の速星が駅名となって久しいのに対して、鵜坂の存在を示したい、②鵜坂が婦中町の中にあることを明らかにするために「婦中」を冠したのではなかろうか。

駅の西側には新しい住宅が増加し、東側には企業が立地する富山イノベーションパーク（新機軸公園）が隣接し、駅前にはパークアンドライドシステム(注4)の駐車場が設置されている。乗降客は三五〇人程度と公表されている（一〇年）が、今回の高山本線や前々回（〇五～一〇年）の北陸本線の探訪の際に、府中鵜坂駅に実際に乗降した体験からすると、乗降客は今では三倍の一〇〇〇人程度に増加していると思われる。

◆鵜坂神社・安田城跡

婦中鵜坂駅の周辺をめぐると、駅の南東一キロ、神通川と北陸自動車道に囲まれ、うっそうとした叢林の中に鵜坂神社が鎮座する。婦負郡発祥の地と言われる土地に建立された古くて大きい神社だ。八世紀半ばに越中守を務め、万葉歌人でもある大伴家持《おおとものやかもち》の歌を刻んだ石碑が近くにある。

駅の西一・五キロにある安田城跡は、井田川を背に南向きに建っている中世の平城である。城の本丸・二の丸、井田川から水を引き込んだ濠と土塁等も残っており、城の構造を知る上で貴重なもので、国史跡にも指定される。この安田地区は、明治・大正期に日本の金融王と言われ、安田財閥をつくった安田善次郎の出身地で、近くの西円寺《さいえんじ》（浄土真宗）に墓碑がある。

注4　パークアンドライドシステム　park and ride system　自宅から最寄り駅まで自動車で行って駐車し、直ぐに、鉄道に乗り継ぐ移動方式。

ＪＲ高山本線活性化社会実験

富山市では「公共交通を軸としたコンパクトなまちづくり」を標榜しており、市の中心街では、後述のように、路面電車による交通網を形成し、成長が予想される郊外では既存の鉄道路線を増強して活性化を図る方策が採られている。

後者がＪＲ高山本線活性化社会実験で、富山市に二〇〇五年に合併された富山西南郊の八尾・婦中の旧二町を対象とし、二〇〇六年一〇月に開始された。越中八尾―富山間（一七・一キロ）の普通列車の運転本数を一〇本増やして二一往復とし、朝夕は三〇分間隔で運転された。さらに、速星―西富山間四・三キロの間に、二〇〇八年三月、婦中鵜坂駅を

婦中鵜坂駅　最新駅における社会実験

三年間の期間限定の臨時駅として開設した。この社会実験は富山市の負担で行われた。

この実験の結果、本稿でも見てきたように、富山—越中八尾間では利用者が増加に転じた。婦中鵜坂駅も、臨時の期間が三年延長され、二〇一四年三月には常設駅に昇格された。

このように、運転本数の増加で利用しやすく便利になり、利用者が増加したことは喜ばしいことである。観光客の誘致も必要だが、住民の生活の足として鉄道路線を充実させることが肝要ではなかろうか。

富山県内（二）富山市

富山市内は、富山県・富山平野・富山市の中央部、神通川の下流部にあり、県庁所在の都市を指す。

高山本線は婦中鵜坂駅を出て北に向かい、井田川を渡って北東に転じ、北陸本線（米原―敦賀―福井―金沢―富山―直江津）に合流して東南東に転じ、神通川を渡って富山駅に西から進入し、終点に到着する。この区間はおおむね市街地で、延長は五・一キロほどあり、途中に一駅が開設される。北陸線の支線の飛越線として、一九二七年に最初に開業した区間である。

西富山

西富山駅

婦中鵜坂駅を出た高山本線は、工場や住宅が増えつつある富山平野の水田地帯を、一～五‰で下りながら、北進する。一・一キロほど進んで井田川を延長一一八メートルの第一橋梁で渡り、R603の左曲線で北に転じて旧富山市内に入り、一・五キロほどで西富山駅に着く。駅間距離は二・六キロで、標高は一一メートルとなる。

西富山駅は、一九二七年九月一日、飛越線第一次開業区間の中間駅として、富山市寺町に開設された。相対式ホーム二面二線であった。一九九六年に貨物の取り扱いを廃止して無人化されて以来、東側の二番線は休止状態であったが、「高山線活性化社会実験」で見直されて、使用を再開している。駅舎は木造平屋ながら大きな建物である。貨物駅でもあったので、駅構内や駅前広場も広く、周囲には倉庫・工場などの建物も多い。

乗降客は六五〇人程度で、新しい住宅が増えたり、社会実験等で増加はしているが、その度合いは低いようだ。これは、富山地方鉄道の市内電車線の「大学前」停留所が、西富山駅の東一キロほどの場所に一九一三年ころ開設されていて、この路線だとJR富山駅まで一五分程度で行け、しかも五～一五分間隔で運転されている、という事情にもよるのだろう。

駅の西には城山公園が眉のように迫り、北には呉《くれ》羽《は》山《やま》公園が連なっている。東の小高い丘には富山大学の校舎が並び、県営富山球場がある。さらに東に一キロほど行った神通大橋付近で、神通川が井田川を吸収して北に向かう。

富山

富山駅

西富山駅を出た高山本線は、R800・R600の緩やかな右曲線で、城山公園から呉羽山公園の裾野を北東に向かう。水田もあるが、住宅・工場が増えてくる。岐阜起点から二二四・四キロ付近、終点富山の手前一・四キロ付近の田《た》刈《かり》屋《や》地区で右に回り、西から来た北陸本線に合流して東南東に向かう。北陸本線の上下線（複線）と並んで、高山本線（単線）は神通川を新神通川橋梁（延長四二四メートル）で渡り、富山駅に着く。駅間距離三・六キロ、岐阜起点二二五・八キロの位置にあり、標高は八・九メートルとなる。な

お、高山本線は、開業当初には北陸本線の神通川橋梁を共用していたが、一九五六年、高山本線用の新神通川橋梁が完成したので、田刈屋信号場は廃止された。

富山駅は、北陸本線の中間駅、高岡—富山間延伸の終点駅として、一八九九年三月二〇日に開設された。駅舎は、神通川西（左）岸の田刈屋地区、現在の桜谷小学校付近に、仮乗降場として設けられた。その位置は、富山の繁華街から一・五キロほど西であった。これは蛇行している神通川の下流部・河口部を直線に付け替える工事「馳越線《はせこしせん》」が未竣工であったことによる。

馳越線を神通川の本流化、蛇行部分の埋め立て、埋立地に新しい市街地の形成等、一連の土木工事が行われると共に、新しい富山駅の建設が進められた。北陸本線用の神通川橋梁（延長四二五メートル）も完成し、一九〇八年一一月一六日、魚津《うおづ》延伸に合わせて、市街地南端の富山市新富山町（現・明輪町）の現位置に、富山駅が開設された。米原起点二三六・一キロ、標高八・九メートルの位置にある。県庁・市役所等には五〇〇メートル、繁華街の総曲輪《そうがわ》通りにも一キロほどの近さである。

一九二七年九月一日、高山本線の前身の飛越線の富山—田刈屋信号場—越中八尾間が開業し、三四年一〇月二五日、高山線飛騨小坂—坂上間の延伸開業により、岐阜を起点とし、高山を経由して富山を終点とする高山本線が全通した。次いで、四三年六月一日、富山地方鉄道富岩《ふがん》線（富山―岩瀬浜《いわせはま》間）は国有化され、国鉄富山港線になった。

第二次大戦中の戦災により、四五年、富山駅の駅舎は焼失したが、五三年、三階建ての民衆駅として、富山駅ビルが竣工した。一階が鉄道施設で、二階には土産物店、三階には飲食店が出店していた。八七年、国鉄分割民営化により、富山駅はＪＲ西日本の所属となり、九〇年には貨物業務をＪＲ貨物に全面移管して貨物の取り扱いを廃止した。さらに富山ライトレールに移管のため、富山港線の営業が終了し、富山駅構内のホーム・線路等の施設も撤去された。

二〇〇五年、北陸新幹線の金沢延伸を控えて、富山駅周辺の連続立体交差化による高架化工事が開始された。二〇一五年三月一四日、北陸新幹線の延伸で金沢まで運行されるのに伴い、富山駅も三層に高架化された。一階はバス・タクシー乗り場、土産物店等が入り、中央には南北自由通路が通り、市内を循環する富山地方鉄道の市内電車線の停留所が置かれる。二階には在来線と新幹線の改札口と待合室が設けられている。三階には南に新幹線、北に在来線のホームが同一平面で置かれている。北口も整備中で、改札口、待合室が設けられ、バス・タクシーの乗り場のほか、富山ライトレールの「富山駅北駅」がある。

富山駅南口

北陸新幹線の高架下に入る富山地鉄市内線

富山駅の線路配置（配線）は、貨物を取り扱い、機関庫があった時代には、側線も多く複雑であったが、国鉄の分割民営化により不用財産の処分、貨物業務取り扱いのＪＲ貨物へ移管、旧富山港線の廃止等により、北陸新幹線長野―金沢間開業の直前に、三面六線に縮小されていた。

北陸新幹線開業後の富山駅の配線は、高架橋上に北陸新幹線用の島式ホーム二面四線（11～14番線）と、在来線用の島式ホーム一面三線（うち一線は欠端式、1～3番線）があり、地平面には島式ホーム一面二線と片面式ホーム一面一線（4～6番線）を在来線が継続使用している。高山線の列車は、原則として高架式ホームの2番線を始発終着駅としている。2番線ホームは、3番線ホームの南方（金沢・猪谷方面）の一部を切削した欠端式ホームで、延長は八〇メートル程度の短さである。高山本線の下り列車の一部は、地平式の5番線に到着することもある。なお、現在、地平式である在来線のホームも、連続立体交差化工事の進捗に伴い、二〇二〇年までに高架式ホーム（三階）になり、在来線のホームは三面六線（うち一線は欠端式）に集約される予定である。

富山駅２番線に到着した高山線気動車

富山駅の乗降客は、三万一五〇〇人で、高山本線では起点の岐阜駅に次いで第二位である。ここ二〇年来、三万五〇〇〇～四万人の乗降客があり、やや減少傾向にあったが、北陸新幹線の金沢開業、外国人観光客の増加等で、今後の回復が期待される。北陸地方では、新潟駅七万三〇〇〇人、金沢駅三万九〇〇〇人に次いで三番目に多い駅でもある。

富山駅の乗降客のうち高山線の乗降客は明らかでないが、列車本数や編成車両数から推定するほかない。富山駅を発車または到着する列車の本数は、北陸本線が三三六本、高山本線が五四本なので、これで按分すれば、北陸本線二万七一五〇人（八六％）、高山本線四三五〇人（一四％）程度となる。さらに列車の編成車両数を加味すると、北陸本線の特急列車が五～九両、普通列車が二～六両であるのに対し、高山本線では特急が三両、普通が一～二両程度なので、両線の差は拡大すると思われる。結局、富山駅における高山本線の乗降客は、三〇〇〇人台と推定されよう。

富山駅は、北陸新幹線の開業に合わせて高架化、駅舎・ホーム等の全面改装を行い、高架下に路面電車の乗り入れなどを実施して、公共交通の拠点として位置付けられる。そして、富山駅は一一一万人の富山県民、四二万人の富山市民の生活・経済そして観光の玄関口として発展が期待される。

富山駅に到着した北陸新幹線〈はくたか〉（E7系車両）

富山市

富山は、日本のほぼ中央北部、北陸、富山県の中央部、呉羽山《くれはやま》（丘陵）の東（呉東《ごとう》）にあって、東・南・西の三方は飛騨山脈及び呉羽山・両白山地に囲まれ、北方は日本海（富山湾）に面し、神通川・常願寺川《じょうがんじがわ》（注1）等の扇状地に発達した町である。

富山は、古代から農耕が行われていた。一六世紀初め、地元豪族の水越《みずこし》氏が、蛇行する神《じん》通川の屈曲部を利用して富山城を築き、城は安住城《あずみじょう》・浮城《うきしろ》とも呼ばれた。その後、神保《ぼ》氏・佐々《さっさ》氏の居城を経て、一六世紀末からは、加賀・越中・能登の三国（大加賀）を領有した前田氏の居城や隠居所として利用された。一六三九年、加賀藩三代藩主前田利常の次男利次《としつぐ》が、富山に一〇万石を分封されて富山藩を創立した。以来、幕末までの一三代二三〇年間、富山藩は越中国の大半を支配した。

富山藩の歴代藩主は、内政の充実を第一とし、氾濫して水害が頻発する両河川の治水に努め、河道の付け替え、低湿地の埋め立て・干拓等を行い、城を築き、両河川の扇状地に今日の市街地に相当する城下町を造成した。開田を進めた結果、水稲の生産高は石高の三倍の三〇万石を超したと言う。

富山は、明治維新後、富山県の県庁所在地となり、一八八九年、旧城下町を中心に市制を施行した。軍港に使用するため、一九四三年、富山港線沿線の四町村を編入した。戦後は、中新川郡水橋町《みずはしまち》、婦負郡呉羽町等の四町村を編入して、市域の東西幅を拡大した。さらに、二〇〇五年、平成大合併により、上新川郡大沢野町、婦負郡細入村・八尾町・婦中町等六町村を合併し、富山港から飛騨山脈まで南北三五キロの間に、標高差三〇〇〇メートル、面積一二四一平方キロ（全国一一位）、人口四二万人を擁する新しい富山市が誕生した。

市制施行後の富山は、市街地の水害防止のため、神通川の屈曲部を直線化し、その廃河川敷に県庁や市役所等の公共施設を建て、市街の北部から湾岸の東、岩瀬の港と工場を結ぶ富岩運河《ふがん》(注2)、富岩鉄道等も建設した。飛騨山脈や立山連峰に発し、富山湾に注ぐ急流の河川は、飲料水・農業用水・工業用水を供給し、水力発電で安価な電力を供給した。そこで、重化学工業の工場進出が相次ぎ、日本海側屈指の工業地帯を形成した。この原動力が製薬業者に蓄積された資本力であり、関連して電力・銀行・建設等の企業も興した。

第二次大戦末、米軍の空襲で市街の大半が焼失したが、都市計画事業で、ほぼ今日の姿に早期に復興された。製造品出荷額は、化学・機械・石油を中心に、一兆六七二億円に達し、日本海側の都市では北九州市（福岡県）に次いで二位である。伝統の製薬も、国民の健康志向を背景に、和漢薬の効用が見直され、多角的に販路を拡大しており、配置家庭薬販売従事者（売薬行商人）も四〇〇〇人を超している。

農林水産業の面では、市街中心から二キロも離れると農業地帯で、水田が広がり、畑地では野菜や果物（梨・葡萄）栽培が行われ、農業生産額は一五三億円に達する。富山湾は、ブリ・イワシ・ホタルイカ・白エビ等水揚げされる魚種が豊富で、漁獲量も多く、神通川等の河川では鱒《ます》もとれる。蒲鉾・干物等の水産加工も盛況だ。このように富山で漁業が繁栄するのは、富山の陸地では緑が豊富、すなわち、森林が元気であることによるとの説が有力だ。

また、富山市は、大型店舗・小売販売額・持ち家比率・住宅床面積・公共下水道普及率・医師数・介護施設定員等生活基盤や環境の面で充実していることから、全国都市の住みやすさランキングで三五位（県庁所在都市で二位）に位置付けられる。

富山の地名の由来は諸説あるが、中世（室町時代）に、当時の国府があった高岡から見て、今日の富山市域が呉羽山の外にあることから、「外山《とやま》」と呼び、これに雅字の「富」を充てて「富山」と称したなどの説もある。

注1　常願寺川　立山連峰の寺地山《てらちやま》（標高一九九六メートル）に発し、富山県東部を北西流し、富山市水橋付近で富山湾に注ぐ、延長五六キロの河川。わが国屈指の急流で、滝や早瀬が多く、深い峡谷と大扇状地をつくる。土砂流出を防ぐ砂防ダムが各所に見られ、水力発電

所も多数設けられる。

注2　富岩運河　富山の市街地と岩瀬港（現・富山港岩瀬地区）を結ぶ閘門《こうもん》式運河（延長五キロ）で、二〇〇トン級の船舶の運航が可能。県営工事で、神通川改修による廃河川敷の埋立と運河開削が行われ、一九三四年に完成し、富山市の工業都市化が進んだ。

市街めぐり

富山駅南口から南進する城址大通りを〇・四キロほど行くと、東側に富山市役所、西側に富山県庁が建つ。地上七〇メートルの市役所展望塔からは、三六〇度の展望ができる。東から南に立山連峰、その背後に飛騨山脈、西に神通川・呉羽丘陵、その背後に両白山地、そして北には岩瀬浜・富山湾、その奥には能登半島・日本海が霞み、眼下には富山市街が広がる。展望塔の南下を流れる松川《まつかわ》は、富山城の外堀の跡地で、川岸には彫刻も飾られ、笹舟も浮かび、春の桜、夏の緑、秋の紅葉、冬の雪見を楽しむことができる。

◆富山城址

松川を挟んで南の小高い丘が富山城址公園で、桜の名所として市民に親しまれる。建設時のものは堀と石垣程度しか残っていないが、一九五四年の産業博覧会の際、三層の天守閣が、一六世紀前半の姿にコンクリート製で復元された。今は郷土博物館として使用されている。旧河川の一部を温存した松川堀は、夏に涼味をもたらしてくれる。

城址公園の南〇・六キロには、富山の産土神の日枝神社がある。春祭りの「山王まつり」では、神輿や獅子舞が市街を練り歩き、露店が並ぶ。市街東部には、富山藩の初代藩主の前田利次をはじめ、歴代藩主の菩提寺となっている寺院が寺町を形成する。於保多《おおた》神社は、初代藩主・利次が菅原道真を崇敬し、道真の子孫とも称しており、富山城内に天満宮を建立して天神様を祀っていた。一八世紀初め、水害にあって城下の柳町（現・於保多町）に遷宮され、今日に至っている。

大きな店構えで目立つのは、富山売薬の老舗の広貫堂《こうかんどう》と池田屋安兵衛商店である。腸・心臓・便秘等の生薬《しょうやく》を製造・販売し、資料館では富山の薬の歴史と製造工程を展示する。両店とも、医食同源の思想を実践する考えから、旬《しゅん》の野菜や茶を利用した薬膳料理や薬膳喫茶の店を営んでいる。

富山城址公園と松川堀

◆富山駅北口

富山駅北口に転ずると、一〇年ほど前までは目立った建物は少なく閑散としていたが、二〇〇六年、富山ライトレールの起点の**富山駅北**駅ができてから、急速に整備が進む。駅の北〇・五キロの富岩運河環水公園は、富岩運河の旧舟だまりを利用した親水公園で、緑の芝生と青い水が広がる園内では、高さ二〇メートルの展望塔が両端についた天門橋が架かり、立山連峰を望める。

富岩運河沿いに富山ライトレールで北に七キロほど下ると、岩瀬浜の海辺に出る。神通川河口の港町として古くから栄え、江戸時代から明治期にかけては北前船《きたまえぶね》も寄港し、越中産の米、神岡の鉱石、飛騨の木材等を移出し、北海道産のニシンや昆布等を移入した。集落の中央には三〇〜四〇メートル幅の大通りが南北に走り、その西側には、森家など北前船廻船問屋《かいせんどいや》が軒を並べる。表門から家の裏手の船着場まで、東西に一〇〇メートル以上の奥行きがあり、土間・回廊・庭などが一直線に繋がる。

神通川河口の東部は、一九三〇年代以降、近代的港湾施設に整備され、伏木《ふしき》富山港の一部を構成する。富山港展望台からは、東西三〇キロ余の港の全容、発電所・製油所・各種工場が連なる臨海工業地帯を概観できる。

◆呉羽山

富山駅の西三キロ付近に屏風のように連なる呉羽丘陵の北部は呉羽山（標高七一メートル）で、その東麓は急斜面で、緑で覆われている。四月中旬から下旬にかけては桜が咲き誇り、見事な光景であった。呉羽山には、富山を象徴し、伝統と個性豊かな文化施設を集めた「富山市民俗民芸村」がある。環日本海沿岸の埋蔵文化財を展示する考古資料館、雪国の生活用具を集めた民俗資料館、富山売薬の製法・成分・販売等の史・資料を展示する売薬資料館等がある。建物も県内のいろいろな造りの古民家を移築したものなので、建物を見るだけでも楽しい。山頂の展望台も素晴らしい。

◆富山の薬売り

二代藩主前田正甫《まさとし》は、和漢薬の生産を藩内に奨励し、製造技術の確立、品質の向上、生産の増大に努め、「先用後利《せんようこうり》」と言われる越中売薬特有の販売方法を構築した。これは、富山の売薬行商人が全国各地の家庭を回って、まず薬を置いてもらい、一年後に使用した分の代金を受け取るというものだ。売薬行商人は「越中富山の薬屋さん」として親しまれ、四〇〇年以上の伝統がある。市街には、今なお富山売薬の老舗が何軒も店を構えており、富山城址公園には富山売薬の産みの親「正甫」の銅像が建ち、駅前広場には売薬行商人の郡像が建っている。富山藩では、反魂丹役所《はんごんたん》（注3）を設けて、製薬・売薬の保護と管理を行った。薬の製造・販売の発展は、藩財政に貢献し、業者にも資本を蓄積させた。

◆富山の名物

富山の名物としては、鱒ずしが第一にあげられよう。神通川等の河川でとれた鱒を酢飯《すめし》にのせて圧し、笹の葉で包んだものだ。鱒ずしは、富山藩から江戸幕府に献上されたとも言われ、三〇〇年以上の伝統を有する。市内では、今も多くの店が特有の味の鱒ずしを製造販売しており、富山駅の駅弁でも人気が高い。蒲鉾は、県内各地の港や都市で保存食として開発されたもので、特有のものがある。富山市では、昆布で巻いて保存が効く「昆布巻蒲鉾」、鯛・海老の形をした蒲鉾に、鮮やかな紅色を塗った「祝い蒲鉾」「祭り蒲鉾」が代表だ。

富山湾の深海で育つ半透明の白えびは、四～六月が食べごろで、富山の春を代表する食材である。富山駅の高架下の「とやマルシェ」にある白えび亭の白えび天丼は、一尾ずつ丁寧に揚げた白えびをご飯にのせ、甘辛いタレをかけたものだ。特に食感と味が素晴らしいので、私は、前々回の北陸線、今回の高山線の旅では、富山の昼食を白えび天丼に決めていた。富山市の東の滑川《なめりかわ》―魚津―黒部付近の富山湾で春にとれるホタルイカは、幻想的な発光作用と共に、生食に加工食品にと、いろいろな形で味わえる。水と米が良いので、市内には、満寿泉《ますいずみ》・富美菊《ふみぎく》・風の盆等の地酒があり、富山の料理にもよく合う。

菓子では、卵と砂糖を泡立てて固め、月の地表面を連想させる「月世界」が知られるが、江戸時代末期創業の和菓子店竹林堂の「甘酒饅頭」、小豆《あずき》と白インゲン豆で立山杉を表現した鈴木亭の「木目羊羹」、富山売薬の丸薬《がんやく》を真似たあん玉の「反魂丹」等も美味しい。

なお、本項「富山・市街めぐり」は、拙著『北陸線の全駅乗歩記』の「市街めぐり」の項（二五七～二六一ページ）を要約したもので、同著もご参照頂ければ幸いである。

注3　反魂丹役所　反魂丹は、食傷や腹痛に特効がある丸薬。富山で製造される和漢薬の一つで、江戸時代、富山の薬売りが全国に売り歩き広めた。反魂丹役所は、反魂丹に限らず、富山で製造販売する全ての薬品を対象とし、これの管理・保護を行った。

鉄道によるまちづくり

富山市では、自動車社会に代わって、公共交通を軸とした簡素なまちづくりを提唱し、二一世紀初頭から実践している。市の中心市街において、公共交通の路面電車（鉄道）の路線網と車両を整備充実させて便利にすることにより、

①自動車による道路の渋滞緩和

②地価の高い中心市街の駐車場による占有を抑制し、二酸化炭素の排出削減を目的としている。

この「まちづくり」は、富山市を中心に、富山県、ＪＲ西日本、富山地方鉄道会社（以下『富山地鉄』と言う）[注4]等との共同作業で行われ、高山本線の活性化社会実験（二九三ページ参照）とも目的を同じくしており、どちらも成果をあげている。

以下、「富山の公共交通を軸としたまちづくり」の概要を記すことにしたい。

①ＪＲ西日本所属の富山港線（富山―岩瀬浜間八・〇キロ）[注5]は利用度が低く、北陸新幹線の富山駅新設と連続立体交差化工事の支障となることから廃止する（第７図1）

②富山市・ＪＲ西日本等が出資する第三セクター会社を設立し、富山港線の設備の移管を受け、富山駅北口への乗り入れ、ホームの低床化等設備の改善を行ったうえ、二〇〇六年、富山ライトレール（以下『ＴＬＲ』と言う）を開業した（第７図2）

③ＴＬＲの車両は、次世代型路面電車ＬＲＴ[注6]のポートラムに統一し、停車場も一〇から一三に増加し、運転本数も一時間に一本から四本程度に増加するなど、利便性を向上させた

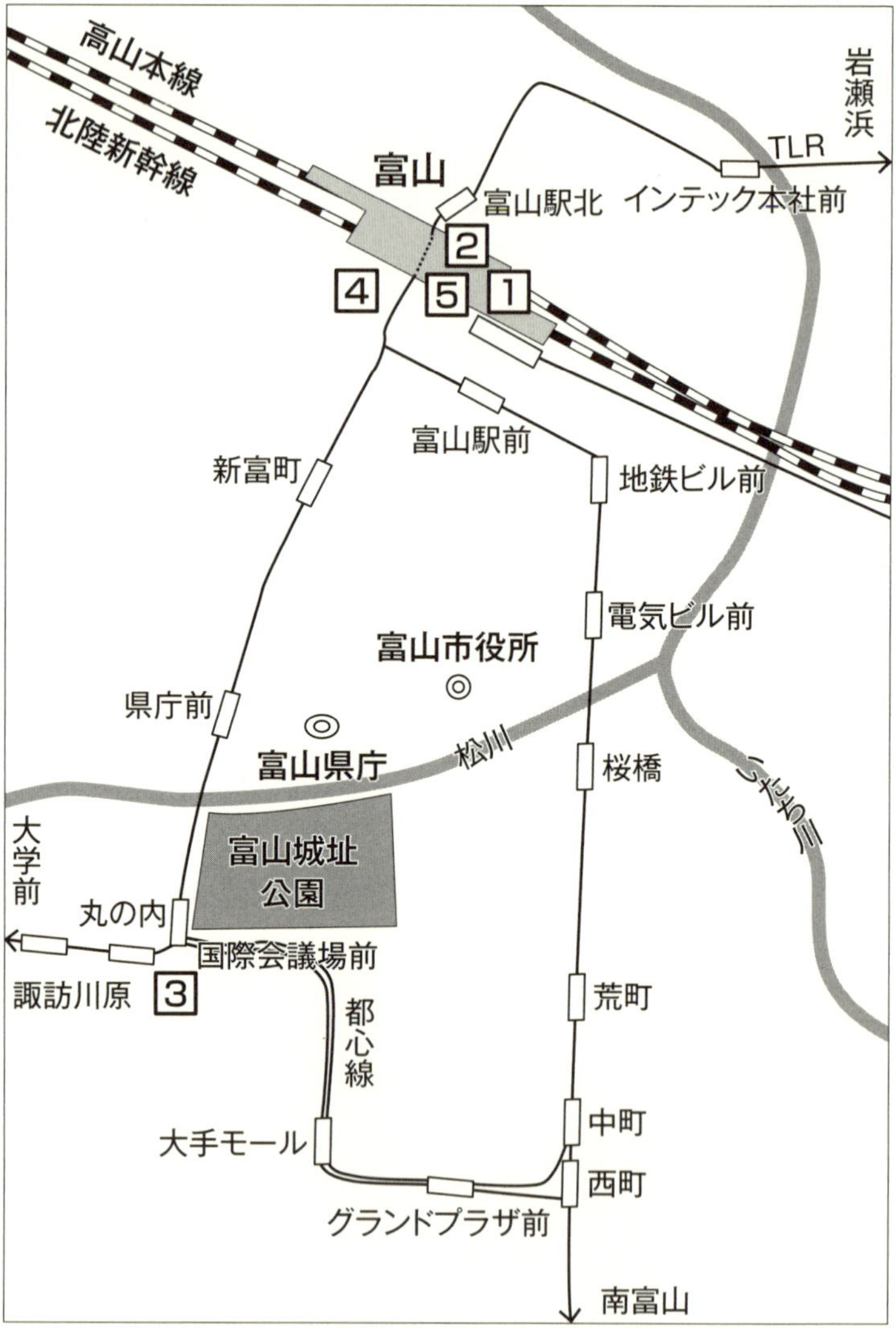

第7図　市内電車による富山のまちづくり

④富山地鉄では、富山市の中心部で六・四キロの市内線（路面電車）を運行していたが、系統が異なる丸の内駅―西町駅間〇・五キロを短絡する新線（都心線、中町駅まで〇・九キロ）を建設し、在来市内線との循環運行を可能にし、市内線の利便性を向上させた（第7図③）
⑤富山地鉄の市内線の路面電車が、北陸新幹線の金沢開業に合わせて、二〇一五年三月、富山駅前駅から北に九〇メートルほど延伸し、新築の富山駅舎の高架下に乗り入れた。雨や雪に濡れることなく、富山駅に行くことが可能になった（第7図④）
⑥一八年、TLRを富山駅北駅から南に九〇メートル延伸して、富山駅の在来線高架下に乗り入れる予定である。さらに、二〇年には、市内線の路面電車とTLRの電車の線路が繋がれ、両線の相互乗り入れ、直通運転が行われる見込みである（第7図⑤）

こうして、公共交通（鉄道）を軸とした簡素なまちづくりが成功し、富山市民の生活がより豊かに、便利に、楽しくなることを祈りたい。

注4　富山地鉄　富山地鉄は、戦時中の一九四三年、富山県内の私鉄が合併して設立された。現在、県東部の鉄道四線九三・二キロ、富山市の市内線（路面電車）一線七・三キロ、を運

行している。全区間電化で狭軌（軌間1067ミリ）である。

注5　**富山港線**　富岩鉄道が、一九二四年、富山市街と富山港とを結ぶ臨港鉄道として開業した路線で、富山地鉄を経て四三年に国有化されて富山港線となった。全線が単線非電化であった。

注6　**次世代型路面電車ＬＲＴ**　ＬＲＴ（Light Rail Transit）はＬＲＶ（Light Rail Vehicle）とも言い、高性能で軽快な路面電車を中量輸送機関として位置付ける一連の輸送手段を言う。一九六〇年代から欧米の都市で導入され、日本でも広島市・長崎市・熊本市・高岡市等で導入され、富山地鉄では市内線にもＬＲＴのセントラムを導入している。

おわりに

拙著『高山線の全駅乗歩記』をここに発表させて頂くことを光栄に思い、皆様にお読み頂けることを嬉しく存じ、厚く御礼申し上げる。

高山線は、本州中部の山岳地帯を南北に横断する鉄道路線で、岐阜と富山、東海地方と北陸地方を繋ぐ重要な路線である。だが、高山線が通過する地方は、地形や気象の条件が厳しい、輸送需要もさして多くない、一般の知名度もあまり高くないことなどから、高山線の建設や改良工事、維持保守が後回しにされ、遅れる傾向にあるようだ。

私は、この四半世紀、主要な鉄道路線ごとにその全駅及び関連路線の駅を乗り歩く旅を続けており、今回、その一二線目として、高山線を選定し、三年にわたって探訪し、その記録の取りまとめを行ってきた。駅のホーム・待合室・配線等の施設、周辺を調べると、その駅の沿革・機能や地名の由来が浮かび上がってくる。そして、駅の周辺や少し離れた町・景勝地・史跡・博物館等にも足を延ばしたくなる。こうして、駅と駅、駅と自然、駅と街、駅と地理・歴史・文化とが繋がり、一駅一会が二会、三会……にと広がり、深まる。

本書は、こうして高山線の駅に出会い、見たり、聞いたり、調べたり、感じたりしたことをまとめたものである。高山線やその駅の沿革や基盤を知り、所在する市町村の歴史・地理・文化・自然等を調べたり、鉄道の旅を計画したり、往年の旅や生活を懐かしむ上で、縁《よすが》にして頂ければ幸いである。

私は鉄道の旅を通じて、さまざまの出会い・発見を体験し、多くのことを学んできた。鉄道の旅は、すればするほど興味が湧き、楽しく、面白く感じられ、私の人生の課題として取り組みたいと思っている。実際、私はこれまでに、JR各社の全四六〇〇駅のうち、二四八〇駅の乗降を達成している。今後も、心・体・財の許す限り、「鉄道の旅」の研究を続けたいと思っており、現在、山陰・山陽を連絡する伯備線《はくびせん》（倉敷《くらしき》—高梁《たかはし》—新見《にいみ》—伯耆《ほうき》大山《だいせん》）に取り組んでいる。

本書の刊行にあたっては、多くの方々にご支援、ご協力を頂き、厚く御礼申し上げる。先ず、勤務をした会計検査院では、国鉄や鉄道の画期的な時機に鉄道の検査に従事させて頂き、鉄道や鉄道工学を実地に学ぶ機会を与えて下さった。全国会計職員協会には、同社の月刊誌に、本書の原形となった「路線別の全駅乗歩記」を永年連載して頂いた。

次に、今回の探訪の旅にあたっては、各地の駅・観光案内所・ホテル・旅館等から、旅先の地元の情報を提供して頂いた。特に、高山市のタクシー会社の山都自動車には、長距離・山道・未舗装・悪天候の中、各地を詳細に案内し、有益な説明を頂いた。高山市のべストウェスタンホテル高山には、食事の便宜や天気・行事等の情報を提供頂いた。富山市の猪谷《いのたに》関所館では、高山線開業八〇周年記念展に出展させて頂いた。

そして、文芸社には、二〇一二年の『北陸線の全駅乗歩記』、一四年の『羽越線の全駅乗歩記』に引き続いて、本書の出版をお引き受け頂いた。同社の編集・企画の皆様には、資料や原典にあたって綿密に調査したり、親身で的確な助言・指導をして下さったことに心から御礼申し上げる。

また、私の著書を読み、適時適切な感想・批評を寄せて頂き、助言・応援をして下さる学生時代の友人、旧勤務先の先輩・同僚達に御礼を申し上げる。最後に、本書を刊行できたのも、妻の佳子が、私の「鉄道の旅」の研究を理解し、良き相談相手になってくれ、励ましてくれたお陰であり、心から「ありがとう」と言いたい。

二〇一六年八月

澤井 泰

主要参考文献

宮脇俊三・原田勝正『国鉄全線各駅停車6「中央・上信越440駅」』小学館 一九八三年
宮脇俊三・原田勝正『JR・私鉄全線各駅停車6「中央・上信越590駅」』小学館 一九九三年
宮脇俊三・原田勝正『日本鉄道名所5 勾配・曲線の旅「中央線・上越線・信越線」』小学館 一九八六年
川島令三『図説日本の鉄道「中部ライン全線・全駅・全配線第4巻塩尻—名古屋東部」』講談社 二〇一〇年
『週刊鉄道の旅 no.10 高山本線／氷見・城端線』講談社 二〇〇三年
『歴史でめぐる鉄道全路線 国鉄・JR 22号（高山本線 太多線）』朝日新聞出版 二〇〇九年
『週刊「JR全駅・全車両基地」』43号（富山駅）、48号（岐阜駅）朝日新聞出版 二〇一三年
今尾恵介『日本鉄道旅行地図帳 7号 東海—全線・全駅・全廃線』新潮社 二〇〇八年
鉄道百年略史編さん委員会『鉄道百年略史』鉄道図書刊行会 一九七二年

原田勝正『日本鉄道史―技術と人間』刀水書房　二〇〇一年
青木栄一『鉄道の地理学』WAVE出版　二〇〇八年
『日本鉄道請負業史』日本鉄道建設業協会　一九九七年
コウサイクリエイツ『JR全線全駅　二〇〇一年版』弘済出版社　二〇〇〇年
『JR全駅データブック』JRR社　二〇〇七年
石野哲『停車場変遷大事典―国鉄・JR編Ⅱ』JTB　一九九八年
村石利夫『JR・第三セクター全駅名ルーツ事典』東京堂出版　二〇〇四年
天野光三ほか『図説鉄道工学』丸善　一九九四年
久保田博『鉄道工学ハンドブック』グランプリ出版　一九九五年
稲垣史生『日本の街道ハンドブック　西日本編』三省堂　一九九三年
みわ明『全国古街道事典―東日本編』東京堂出版　二〇〇三年
大日本クリエイティブアーツ『街道を旅する―東の街道』日本通信教育連盟
『日本の街道』「25飛騨街道」「35白川街道」「40中山道④美濃路」「78美濃路と犬山街道」講談社　二〇〇三年
『中部北陸道路地図』昭文社　二〇一三年
『コンサイス日本地名事典　第5版』三省堂　二〇〇七年

『日本地名大百科―ランドジャポニカ』 小学館 一九九六年
『日本地名地図館』 小学館 二〇〇二年
『日本地名ルーツ辞典―歴史と文化を探る』 創拓社 一九九二年
浜田逸平『日本地名さんぽ』一九九七年、『日本地名さんぽ完結編』二〇〇一年 朝日文庫
『データでみる県勢二〇一四年』 矢野恒太記念会
『都市データパック 2003年版』 東洋経済新報社 二〇〇三年
『都市データパック 2009年版』 東洋経済新報社 二〇〇九年
『都市データパック 2014年版』 東洋経済新報社 二〇一四年
岐阜県高等学校教育研究会社会科部会『岐阜県の歴史散歩』 山川出版社 一九九四年
富山県の歴史散歩研究会『富山県の歴史散歩』 山川出版社 二〇〇〇年
『JTB時刻表』 JTBパブリッシング 二〇〇三～一五年（時刻改正の月号）
『コンパス時刻表』 交通新聞社 二〇〇三～一五年（随時）
『るるぶ岐阜』『るるぶ富山』 JTBパブリッシング 二〇〇一～一五年版
『まっぷるマガジン 岐阜』『まっぷるマガジン 富山』 昭文社 二〇〇二～一五年版
『飛騨高山おさんぽマップ』 実業之日本社 二〇一四年
前澤和弘『北陸新幹線レボリューション』 交通新聞社 二〇一五年

著者プロフィール

澤井 泰（さわい ひろし）

「鉄道の旅」研究家。

1936年、横浜市に生まれる。

神奈川県立横浜翠嵐高校を経て、1959年、東京都立大学法学科卒業。

1959年、会計検査院に就職し、各省庁、国鉄等の会計検査に従事し、各検査課長、長崎県出向、第五局審議官、第二局長等を歴任し、1991年、退官。1991～2003年、福島大学講師、白島石油備蓄会社監査役、日本鉄道建設公団監事等に就任。

幼い時からの鉄道好きに加え、1982年の長崎水害後の国鉄長崎線の素早い復旧に感動し、「鉄道の旅」の研究に取り組む。1992年、旧国鉄の全線区（約22000km）の乗車を達成。次に主要路線ごとに全駅に乗降、探訪し、その記録を雑誌に執筆。東海道・東北・山陽・中央・信越・鹿児島・長崎・常磐・奥羽・北陸・羽越・高山の12路線を実施済み、現在、伯備線を実施中。

著書に『出会い・発見の旅—中央線全駅乗り歩き』（リバティ書房、1998年）、『北陸線の全駅乗歩記　出会い･発見の旅』（文芸社、2012年）、『羽越線の全駅乗歩記』（文芸社、2014年）がある。

高山線の全駅乗歩記《のりあるき》

2016年10月15日　初版第１刷発行
2016年10月20日　初版第２刷発行

著　者　澤井 泰
発行者　瓜谷 綱延
発行所　株式会社文芸社
〒160-0022　東京都新宿区新宿１－10－１
電話　03-5369-3060（代表）
03-5369-2299（販売）

印刷所　図書印刷株式会社

ISBN978-4-286-16551-6